JN066318

リヒテルズ直子×苫野一徳

Richters Naoko　Tomano Ittoku

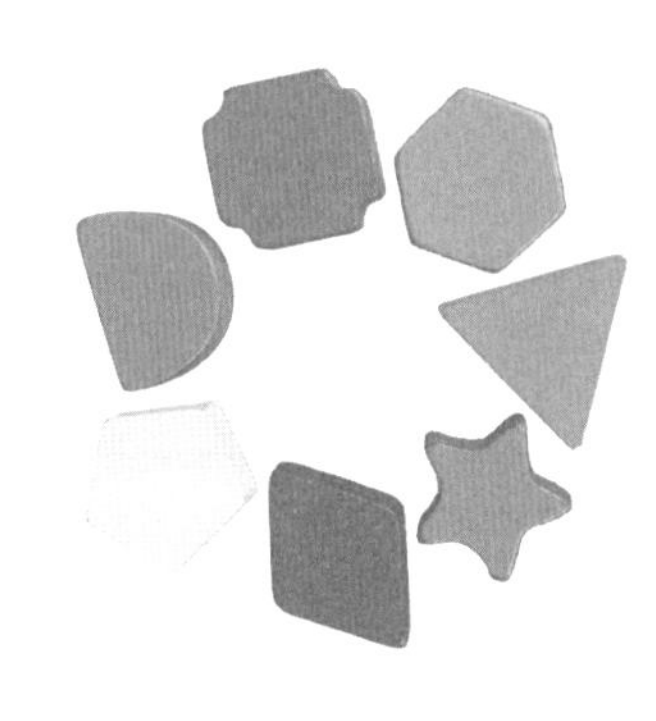

公教育で社会をつくる

ほんとうの対話、ほんとうの自由

Building a Civil Society through Public Education

日本評論社

はじめに

リヒテルズ直子

本書は、「公教育」をテーマとした苫野一徳さんとの共著第2弾です。

「公」という言葉を聞いて、何か、国や市区町村などの公的機関を思い浮かべ、公教育とはそうした機関が管理・運営するもので、自分たち一般市民に主導権はないと考える方も少なくないことと思います。しかし、日本語の「公」にあたる英語の Public は、ラテン語の populus または poplos が語源で、「人々の」という意味です。公教育が民主制を基盤とする近代市民国家の発祥に伴って始まったことを考えると、それは、上に立つ支配者が「人々のために」教育を与えるものではなく、「人々による」「人々のための」教育を意味していたと考えられます。

その公教育、「人々の」すなわち、私たちみんなのものであるはずの教育が、なぜか、多くのいじめや不登校を生み出し、子どもたちにとって、心地よく自分らしく成長していく場ではなく、時として、管理と排他性に満ちた楽しくない場になってしまっているのはどうしたことでしょうか。

苫野さんと私は、公教育を本来のあるべき姿に戻したい、すなわち、私たちみんながつくる、私たちみんなのための場にしたい、という願いから、前著『公教育をイチから考えよう』（2016年）に引き続き、本書を執筆しました。

一方、「社会が変わらない限り教育も変わらない」と、諦めにも似た言葉をしたり顔で語る人にも時々出会います。しかし、本書の共著者である私たちは、「公教育は社会を変える強力な手段」「公教育とは、民主的市民社会を支え活性化させるアクターを育むもの」という信念を共有しています。

私たちが生きている現代の社会は、紛争、環境や生態系の破壊、感染症の蔓延、貧富の差や学歴格差による分断や対立、政治家の汚職と、どこを向いても問題が山積みです。こうした問題を前に、ただ指をくわえて社会が変わるのを待っていても、若者がもつ豊かな好奇心と創造力に根ざしたアイデアは活かせません。でも、学校という小さな社会で、子どもと大人が一緒に市民社会のアクターとしての行動を学び、練習していけば、大人たちのかかわりを通して、社会はその瞬間から変わり始めます。

苫野さんと私はいずれも、この10年あまり、それぞれの立場から、日本の公教育のあり方を見直し、よりよい方向に進めていく道を模索してきました。実際、日頃から子どもたちにかかわっている多くの方の尽力により、日本中の至るところで、学校が変わり社会が変わる兆しが見え始めています。

その一方で、実践現場で見えてきた課題もあります。一つは、大人たち自身が古い学校文化の中で知らず知らずのうちに刷り込まれてきた考え方や行動の仕方が、必ずしも民主的市民意識と合致せず、子どもたちとのかかわりの中で齟齬を生むことがあるという点です。もう一つは、市民形成のための教育をより深く追求していくと、学校や教員が変わり、力をつけて向上するだけでは限界があり、学校制度そのものを根底から見直す必要があるという点です。本書は、主にこの二点について論じています。

「自由」の意味をどのように捉えるかは、本書においてこれらの問題を掘り下げていくうえで、とても重要なキーとなるものでした。

「自由」は、人が一人でいる時には問われません。「自由」は、自分以外の誰かがいる時に初めて問題になる社会的概念です。ましてや、それは民主制を支える市民の主体性にかかわることですから、健全な市民の育成を目指して教育変革に乗り出す時、私たちは必ず「自由とは何か」という問いに直面します。

ここに一つ落とし穴があるのです。民主化運動は、もともと強い管理からの解放を求めて生まれてきます。言い換えるならば、民主教育への努力をしている大人たちの多くは、自らが「管理」文化の中で育ってきているため、子どもに対しても自分に対しても、何かから解放されたいという「自由」を強調しがちです。けれども、解放を求める「自由」（Freedom from ～）

は、基本的に受動的で、逃げの姿勢のものです。そのため民主制の前に立ちはだかっている権威主義に抵抗し、新しい方向性を示す力は生まれにくいのです。

これに対し、一人ひとりが内発的な信念や希望に根ざして生き方や社会のあり方を求める「自由」(Freedom to〜)は、はるかに能動的で、社会をよりよいものにしたいという願いのもと、社会に自ら深くかかわっていこうという態度を引き出します。公教育は、子どもたちの内にこちらの「自由」を育むためにあると私たちは考えています。

そこで、まず第1章で苫野さんに、民主的市民社会において「自由」がもつ意味を語っていただきました。続く第2章では、子どもたちにこうした(能動的な)「自由」への意識や行動を身につけさせ、意見交換によってお互いを高め合う対話の力を、オランダの学校ではどのように育んでいるのか、実践例をリヒテルズが紹介しています。

さらに後半では、子どもたちを民主的市民社会のアクターとして育てるために、大人が共有しておくべきビジョンは何か、また、それを支える制度とはどんなものかに焦点を当てました。第3章では、「自由の相互承認」という言葉を日本の教育界に広げてこられた苫野さんが、一人ひとりが真に「自由」をもち、それを活かして社会にかかわっていくことの意味を論じています。そして第4章では、オランダの学校制度を深く捉え直すことで見えてきた、学校文化を「管理」から「信任」に転換するという考え方とそのための具体例を、リヒテルズが提示しました。それに加えて、「信任」を受けた学校の教職員と保護者が対話することを通して、自分たちの教育を責任をもって運営できるようにするために必要な制度的仕組みも紹介しています。

本書では、各章とも、私たち二人による対話を導入としています。それは、私たちが、多様性と対話が民主社会の基盤だと考えているからにほかなりません。ただそれにもまして、読者の声を代弁し、議論の焦点を明示したいとの思いからでもありました。うまくいっていることを祈ります。

そして最後に第5章として、トップ官僚として日本の教育行政に長くかかわってこられ、また研究者としても研鑽を積み、幅広いネットワークをおもちの合田哲雄さんを招いて行った鼎談を掲載しています。公教育の未来に希望を感じる、心躍る内容です。

公教育変革の議論は、もはや教育界に限らず、社会全体で行う時期に来ています。それは、「日本を、そして人類が住むこの世界を、どんな方向に向けていきたいのか」という問いを私たち一人ひとりに突きつけてきます。本書は、合田さんも含む私たち三人の、新しい社会への展望の書です。本書が教育界を超えて、社会のさまざまな場にいる方々に届き、有意義で建設的な対話が重ねられていくきっかけとなることを願ってやみません。

目次

第5章 〔鼎談〕公教育の構造転換を目指して

第1章

教育にとって「自由」とは何か？

苫野一徳

リヒテルズ　いまとても気になっているのは、教育の中で「自由」をどう取り扱うかという問題です。従来の管理型の教育を脱却しよう、学校をもっと自由な場にしようとさまざまな取り組みがなされていますが、その実、大人たちのほうが、自由の意味がいまひとつよくわからず、子どもにどうかかわるか悩んでいると感じます。

　私の考えでは、自由は放任とかエゴイズムとはまったく違います。人がたった一人でいる時には、「自由かどうか」は問題になりません。自由が問題になるのは、二人以上の人がいる、つまり社会がある時です。だからこそ、自由には必ず責任が伴います。自由と責任は、一枚のコインの表と裏と言っていいほど一体化したものです。それなのに、この二つが別々に扱われていることが多い。自由も責任も、突き詰めれば、社会での行動の仕方にかかわる問題です。教育現場では、自由をとくに社会的能力として扱う必要があると思うのです。自由は、単に管理から解放されることではありませんよね。

苫野　とても重要な問いかけですね。

　実は100年以上前にも、いわゆる「児童中心主義」を標榜した新教育運動が世界に広がる中、アメリカやヨーロッパ、そして日本などの教育界では、ほとんど同じ問題が生じました。「自由」とはつまり、一切の管理をなくして子どものやりたいようにやらせることであるという表層的な理解が、現場にかなり広がってしまったんですね。新教育運動の理論的支柱だったアメリカのジョン・デューイは、その現状を厳しく批判しました。自由というと、私たちはついわがまま放題ができることと思ってしまう。でも、それはむしろ欲望の奴隷になっているだけだ。デューイはそう言います。

欲望の奴隷は、ちっとも自由ではありません。腹が立ったからといってすぐ人を殴ったり、甘いものがやめられないと食べ続けたりしたら、傷害罪で捕まったり、病気になったり、結局は自由を失ってしまうことになるからです。

だから自由とは、むしろ自らの欲望をよりよい生に向けてコントロールするところにある。そうデューイは言いました。これを、リヒテルズさんがおっしゃった「社会」の文脈で言い換えると、自由とは社会の中でわがまま放題ができることではなく、他者との相互調整の中でつかみ取られるものだと言えますね。

ハンナ・アーレントという哲学者も、社会哲学の文脈で、あらゆる足かせから解放されてやりたい放題ができることは、自由なんかではないということを強調しました。彼女によれば、それを勘違いしてしまったのがフランス革命でした。フランス革命は、くびきからの解放を第一に考えたために、王侯貴族などの権力者を次々と処刑したばかりか、最終的にはテロへと至ってしまったのだ、と。

一方のアメリカ革命は、「自由の創設」を意図的に目指したものだったとアーレントは評価します。つまり自由とは、既存の制約を破壊してそこから解放されることではなくて、みんなでつくり合うものなのだ、と。

自由は共につくり合うもの。このことを肝に銘じて、リヒテルズさんとこの本をつくっていきたいと思います。

リヒテルズ　前著『公教育をイチから考えよう』でも、私は「いまあるのは公教育じゃなくて官教育だ」と話しました。ここで言う「公」とは、「みんなのもの」つまり「みんなの教育」ということです。それは、自由と同時に責任もみんなで負うという意味です。

近代社会とは何か、なぜ近代国家には公教育が必要なのか。これは、ヨーロッパでは、18世紀末に議論されたことです。でも必ずしもうまくいかず、20世紀初頭の新教育の提唱者たちが、再びそれを問題にして新教育運動を起こした。こうした公教育の根源にかかわる議論を、日本の教育者や教育行政関係者と共に広く議論してみる必要がないでしょうか。

問題なのは、近代の民主体制の基盤となる「市民社会」が日本に成立してこなかったことだと思うのです。学校現場に即して考えると、たとえば最近、サークルをつくって対話をするという取り組みがいろんな場所で行われるようになっています。でも実際に学校でそうした「対話」をしてみると、同僚の声には耳を傾けずに一方的にしゃべり続けることで対話をしているような気分になっているケースも少なくないように感じられます。本来の対話とは、お互いの頭の中にあることを言葉というツールを用いて他者と共有することです。誰にも縛られない自分の自由な意志は何なのかを自覚して言葉に表し、立場や見方の異なる他者からの反応を受けて、自分の考えをさらに研ぎ澄ませるために共有する、そしてそこから議論を重ねて合意を生み出していく。民主的な市民社会の基盤は対話にあります。

苫野　公教育の目的が民主社会を支える市民の形成にあるとするならば、学校は、自他の自由意志を尊重する人間を育てるという使命を負っているはずです。でも必ずしもそう理解されていないために、子どもたちは「先生の期待通りの答えを言う」ことにとらわれて、自分がほんとうに考えていることを率直に言えなくなっている。仮に子どもが自分の考えを言葉にしようものなら、「出る杭は打たれる」みたいなことになってしまう。そうした学校文化が、日本の教育現場にまだ残っていないでしょうか。

「市民社会を成熟させる」。これが本書のキーワードですね。社会を変えるためには、教育の力がとても大事になります。学校を単なる社会の縮図にするんじゃなくて、学校を社会の変革力にする。そのための方途を、本書では大いに提言していきましょう。

そもそも「自由」ってなに？
「市民社会」とどういう関係があるの？

A.

一言で言えば、「自由」とは「生きたいように生きられること」です。ただしそれは、わがまま放題に生きることではありません。私たちが自由に生きるためには、お互いの自由を認め合うルールを共有する必要があります。そのルールに基づき、共につくり合う社会が「市民社会」です。

福沢諭吉の誤算？

「自由」は、その意味するところを理解するのが非常に難しい言葉です。でもさしあたっては、「生きたいように生きられること」と考えておくとよいでしょう。

ただし、それはわがまま放題を意味するわけではありません。他者の自由を認め、尊重し、これを侵害しない限りにおいて、生きたいように生きられること。多様な人が共に生きるこの社会では、「自由」にはこのような但し書きがつくのです。

英語のフリーダムやリバティを「自由」と訳したのは、明治時代の福沢諭吉でした。もっとも、すでに16世紀末、イエズス会の宣教師と日本の修道士が共同で編纂したラテン語辞典では、ラテン語の libertas に「自由」の訳語が当てられていたそうですが[1]。

「自由」という言葉は、元は中国の古典にみられたもので、早くから日本にも輸入されていました。「自主性」といった良い意味もないわけではなかったようですが、基本的には「わがまま」を意味するネガティブな言葉でした。そのため福沢は、フリーダムやリバティに「自由」の訳語を当てることをずいぶんと迷ったようです。でも最終的にはこの訳語を選びました。「自由」の意味を、上書きしたかったのかもしれません。

でも現状を見ると、十分には上書きされていないように思います。「自由」はいまなお、「自分勝手」や「わがまま」としばしば同義で語られてしまいます。福沢にとっても、これは少々誤算だったかもしれません。

しかしその福沢は、『西洋事情』（１８６６〜１８７０）において、これを「我儘放蕩」あるいは「野蛮の自由」と混同してはならないと強調しているのです。それは「文明の自由」として理解されなければならないものである、と。福沢自身は、近代ヨーロッパ的「自由」の意味を、彼なりに十分に理解していたと思います。

ただし私は、別にヨーロッパがエライと言いたいわけでも、西洋的「自由」が絶対の正解だと考えているわけでもありません。近代的「自由」は、たしかにヨーロッパで生まれました。でもそれは、後で言うように、たまたまヨーロッパに近代的「自由」が生まれる条件が整っていたということであり、また今日においては、「自由」の内実はそれぞれの社会でつねに育て直していかなければならないものなのです。

ルソー『社会契約論』

福沢の言う「文明の自由」とは何か。その本質については、近代民主主義の源流と言うべきジャン＝ジャック・ルソーの『社会契約論』（１７６２）がやはり秀逸です。

ルソーは言います。未開時代の人類は、好きな時に食べ、好きな時に眠り、それこそ勝手気ままに生きていたことだろう、と。これをルソーは「自然的自由」と呼びます。

でもこの「自然的自由」は、とても脆いものです。いつでも食べ物が手に入るわけではないし、誰かと奪い合いになることもあったでしょう。太古の時代においては、捕食者に襲われることさえあったはずです。

か弱い人間は、結局は集団をつくり、その中で生きていくしかないのです。お互いに助け合い、守り合いながら生きるほかありません。

ところが、社会ができると、どうしても一部の者による大多数の人々の支配が起こってしまいます。とりわけ、狩猟採集から定住・農耕・蓄財へと移行することになった1万2000～1万年くらい前から、人類はずっと、支配－被支配の社会の中で生きることになりました。

なぜか？　定住・農耕・蓄財は、その土地や富の奪い合いを勃発させることになるからです。その結果、戦争に次ぐ戦争、支配に次ぐ支配を通して、集団はどんどん大きくなっていきました。こうして、中国でも、インドでも、ペルシアでも、ローマでも、戦争は、その地域の最終的な覇者が決まるまで続くことになったのです。

人類は、一人では生きていけないからこそ、社会をつくったはずでした。ところが蓋を開けてみると、なんと1万年もの間、そんな凄惨な命の奪い合いや、一部の支配者が絶大な権力を握る社会が続いてきたのです。

「社会契約」とは何か？

でも、もういい加減、そんな殺し合いや、一部の者が支配する社会は終わらせようじゃないか。

ルソーはそう考えました。そしてそのために、文字通り命がけで、来るべき社会の設計図を描き出したのです。ルソーには、時の権力から逮捕状が出され、彼はその後長らく逃亡生活を余儀なくされることになりました。

そんな彼の思索の結晶が『社会契約論』です。今日の民主主義社会の、いまなお最も原理的な理論書と言ってよいものです。

ルソーの思想は、いまの私たちからすればある意味〝当たり前〟のものです。というより、彼が新しい〝当たり前〟をつくり出したのです。でも当時の一般市民の感覚としては、それはこれまで考えたこともないような革命的な考えでした。

ルソーは問います。私たちはこのまま、一部の特権階級が支配する社会の中で生きるほかないのだろうか？　一部の人間だけが自由を享受でき、大多数の人は不自由を強制される、そんな社会を続けるしかないのだろうか？

いいや、そんなはずはない。私たちは、みんながもっと「自由」に生きられる社会をつくることができるはずである。

ルソーはそう主張しました。

それはいったい、どうやって？

まずは、お互いを対等に「自由」な存在として認め合うこと。そして、「みんながみんなの中で自由に生きられる社会」をつくる契約をすること。これがルソーの「社会契約」の考えでした。[2]

よく、「社会契約」など単なるフィクションだという批判がなされます。でもこれは、ルソーの前の時代のジョン・ロックにはいくらか言えたとしても、ルソーの社会契約論にはまったく当たらない批判です。

ルソーは別に、国家ができる前に明示的な「社会契約」があったのだなどと歴史的事実を主張しているわけではありません。だから、そんなものがあったなんてフィクションだという批判は、ひどく的を外したものです。

ルソーが言ったのはこういうことです。もし私たちが社会の中で「自由」に、つまり「生きたいように生きる」ことを欲するならば、お互いを対等な存在として認め合い、「みんながみんなの中で自由に生きられる社会」をつくることを約束するほかにないのだ、と。

一般意志

では、その約束の具体的な中身は何でしょう？

ルソーは言います。それは、この社会を「一般意志」によってつくっていくことである、と。

「一般意志」とは、簡明に言えば「みんなの意志を持ち寄って見出し合った、みんなの利益になる合意」のことです。

この社会をどんなふうにつくっていくか。それを、ごく一部の支配者だけが決めるのではなく、すべての人の意志を持ち寄り、対話を重ね、みんなの利益になる合意を見つけ出し、その合意に基づいて社会（国家）を運営する。そんな社会（国家）だけを、私たちは「正当」な社会（国家）と呼ぶことができる。ルソーはそう言うのです。

すべての人ができる限り「生きたいように生きられる」社会をつくるためには、たしかにこのアイデア以外にないと言っていいでしょう。自分の意志が完全に無視される社会は、決して「自由な社会」ではありません。

とはいえ、たとえば1億2000万人以上もいる日本人全員の意志を持ち寄って、対話を通して合意を見つけ出すなんて、現実的には不可能だ。そう思われる方もいるかもしれません。

でもこれは、細かなことまで何もかも全市民の完全なる合意をつねに見出せ、という話ではありません。みんなにかかわる大事なことについては、つねに暫定的な合意を目指し続けること。そしてそれを、必要に応じて更新し続けること。民主主義社会は、そこにしか「正当性」がないということなのです。もしこの「一般意志」の原理を手放してしまったならば、私たちは再び、一部の特権階級の意志だけがものを言う社会に舞い戻ってしまうことになるだろうからです。

だから私たちは、いかにして「一般意志」を、つまり「みんなの利益になる合意」を見出し合えるかを、つねに考え続ける必要があるのです。

今日の代議制民主主義は、人口の多い国でもできるだけ「一般意志」を見出せるようにとつくり出されたシステムです。

実はルソー自身は、国民みんなが自分の意志を持ち寄ることが重要なので、本来であれば代議制は望ましくないと考えていました。でも同時に、大きな国では仕方ないだろうと渋々認めてもいます。

代議制民主主義は、ルソーからずっと後の20世紀になって登場しました。多くの問題を抱えながらも、いまのところは多くの民主主義国家の基本システムとして機能していると言っていいでしょう(3)。

ただし、代議制民主主義のシステムは必ず、さまざまな形で下支えしたり補完したりしなければなりません。

このシステムは、国民が政治家や官僚に国家運営の仕事を委任するものです。と同時に、政治家や官僚は、それに責任をもって応答していかなければなりません。

でも、この委任と責任の関係は、制度があれば自動的に機能するわけではないのです。国のことは、政治家や官僚に任せておしまい。もしそうなってしまったら、気がつけばこの国は一部の政治家や権力者に私物化されてしまうかもしれません。「一般意志」がないがしろにされてしまうかもしれないのです。

そこで、代議制民主主義を最も底で支えるべき制度が公教育ということになります。一部の代表者に任せておしまい、ではなく、自分たちの社会は自分たちでつくる。そんな自覚的な意志をもった「市民」を育てることが、公教育の最も重要な使命の一つなのです。

ちなみに、公教育とは、しばしば誤解されるように公立学校のことではありません。大まかに言えば、幼稚園から大学まで、学校教育全般を指すものです。

言うまでもないことですが、「みんなの意志を持ち寄って見出し合った、みんなの利益になる合意」の「みんな」には子どもも含まれます。「児童の権利に関する条約」でも、２０２２年に成立した「こども基本法」でも、子どもの最善の利益を守ることや意見表明の権利が定められています。

ただし、選挙権は18歳からなど、一定の制限もあります。それは、子どもたちがまだ社会のことを十分に知らなかったり、「みんなの利益になる合意」について十分に考えられなかったりすると見なされるためです。

でもだからこそ、子どもには「特別な保護」や「教育」の権利が保障されているのです。まさに、特別な保護を受けながら、自分たちの社会を自分たちでつくる「市民」になる教育を受ける権利が保障されているのです。

では、どうすれば公教育をそのような「市民」を育てる場にしていくことができるでしょうか?

本書の課題は、この問いに答えることにあります。

ヨーロッパで生まれた近代民主主義

さて、以上のようにして得られた「自由」を、ルソーは「自然的自由」に対して「社会的自由」と呼びました。

この社会の中で、わがまま放題に生きるのではなく、他者の自由を認め、尊重し、そして共に社会をつくり合うこと。このことによって初めて、私たちは「社会的自由」を手に入れることができるのです。福沢諭吉の言う「文明の自由」は、この「社会的自由」とほぼ同義のものと言っていいでしょう。

先述したように、このような「社会的自由」の考えは、近代ヨーロッパにおいて花開いたものです。でもこれは、別にヨーロッパ人が特別すぐれていたからというわけではありません。私の考えでは、むしろヨーロッパこそが、あの狭い半島とも言うべき地域の中で、来る日も来る日も戦争を続けていたからなのです。

２０２２年、ロシアがウクライナへ侵攻しましたが、多民族、多宗教を抱え込むヨーロッパは、つねに戦争の危機と隣り合わせでした。だからこそ、これをいかに抑制するかは、ヨーロッパの人々にとって最大のテーマであり続けてきたのです。

近代以前は、とくに宗教戦争が凄惨でした。キリスト教とイスラームの戦争、また、同じキリスト教徒同士でさえ、カトリックとプロテスタントに分かれて殺し合いました。そのような経験が、ヨーロッパ人たちに、どうすれば誰もが平和で「自由」に生きられるかということをとことん考えさせることになったのです。

民主主義の発明と発展の背景には、キリスト教の影響もありました。「社会契約」における「契約」の思想は、その根をキリスト教にもつものです。『旧約聖書』も『新約聖書』も、神との契約の書です。キリスト教徒にとって、「契約」はきわめてなじみの深い概念だったのです。

しかもキリスト教は、ユダヤ教やイスラームなどとは違って、宗教法をもっていません。ユダヤ教やイスラームは、生活のすべてに神が定めた宗教法が貫かれていますが、キリスト教では、世俗のことは人間がルールを決めてよいとされているのです（イスラーム国家の民主化が難しい最大の理由は、人間が自由にルールを定められない点にあります）。

ただ、そんな背景もあってか、中世のカトリック教会においては、聖書に書かれてあることとは関係のないルールがどんどんできました。本来、キリスト教にとって重要なのはただ「信仰のみ」。しかし教会は、さまざまな儀礼を生み出し、しかもその儀礼（秘蹟）によって人々を救うことができると主張するようになりました。さらに、寄進や税の徴収などを通して、あからさまな金儲けにも手を出すようになりました。マルティン・ルターが批判したことで有名な免罪符もその一つです。

当時の識字率はきわめて低く、教会も信者たちに聖書を読ませることはなかったので、そうしたことがキリスト教からの逸脱であることを理解できた一般信者はほとんどいませんでした。でもようやく、16世紀のルターに至って、キリスト教の本義に立ち戻る宗教改革の運動が起こることになりました。すなわち、「信仰のみ」に立ち戻れ、と。

これが近代民主主義の大きな原動力になりました。「信仰のみ」が重要なのであれば、「良心の自由」や「信仰の自由」が何より守られなければなりません。そのような「契約」がなされなければなりません。

こうして、個人の「自由」を重視する近代民主主義への第一歩が開かれたのです。

民主主義を鍛え直す

以上のように、近代民主主義誕生の背景には、キリスト教が世俗のルールは人間がつくってよいとしていることと、その際、「良心の自由」「信仰の自由」を何より重視したことがありました。

でもだからといって、私は、「自由」も「民主主義」も、しょせんはヨーロッパローカルの思想や制度である、と言うわけにはいかないと考えています。

近代の哲学者たちが考えたように、私たちはたしかに、誰もが「自由」を求めているはずです。「生きたいように生きたい」と思っているはずです。一生誰かに支配されたいとか、権力者に逆らえば殺されてしまうような社会に戻りたいとか、そんなふうに思う人がいるでしょうか。

だから、もしそれを望まないのなら、私たちは「みんながみんなの中で自由になる」にはどうすればよいか考えるしかありません。そしてその答えこそ、誰もが対等に自由な存在であることを認め合う、そんな民主主義社会をつくることにほかならないのです。

近代民主主義は、たしかにヨーロッパで生まれました。でも今日、それはヨーロッパローカルの思想ではなく、人類に普遍的な考えとして改めて鍛え直されるべきものなのです。

むろん、そのあり方は国によってさまざまです。どのような制度が「みんなの自由」をより実現するかについては、それぞれの国や地域の人々が無意識のうちに何百年も蓄積してきた価値観が反映されるからです。だから、国王や天皇が存在していたほうがよいと考える国もあれば、大統領が大きな権力をもつ、あるいはもたないほうがよいと考える国も存在します。しかしどのような制度をつくるにせよ、民主主義の根幹には、「みんながみんなの中で自由になる」という理念があるのです。

民主主義の本場のヨーロッパでさえ、ロシアのウクライナ侵攻に顕著にみられるように、自由で平和な社会の実現はいまだ発展途上です。民主主義とは相容れない政治体制をもつ中国の台頭もまた、民主主義のあり方を改めて問い直す大きな契機になっています。

世界的な格差はもちろん、国内においても深刻化する格差の拡大は、いたるところで民主主義の危機を招いています。経済的な不平等は、「対等な市民」という感覚を、人々に失わせてしまいかねないからです。

私たちは、いま改めて、「みんながみんなの中で自由になる」ための世界を、どうすればより実質化していけるのか、真剣に問い合う必要があるのです。

本書の課題は、それを教育の文脈で論じることにあると言っていいでしょう。

他者の「自由」を侵害しなければ、何をしても「自由」なの？

A.

原則、その通りです。しかし「自由な社会」をつくるためには、もう一歩先へ進む必要があります。

「らしさ問題」

私たちは、他者の「自由」を侵害しない限り、どんな価値観や感受性や信仰をもとうが、どんな行為をしようが「自由」です。

この原則は、近代社会においてきわめて重要なものです。近代以前の社会では、宗教が違ったり身分が違ったりすれば、同じ人間として扱われず、場合によっては殺されてしまうこともあったのです。その意味で、この原則はどれだけ強調してもしすぎることはありません。

と、そう考えると、「みんな同じ」であることがしばしば過度に強いられる日本の学校は、やはり大きな問題と言わざるをえません。いわゆる「らしさ問題」は、その最たるものです。「中学生らしい服装・髪型」「高校生らしさ」「教師らしさ」「教育実習生らしさ」……。「その人らしさ」ではなく、属性に応じた「らしさ」の中に自らを押し込まなければならない。それは「自由な社会」とはあまり言えません。

他者の「自由」を侵害しない限り何をしても「自由」であるという近代社会の原則を、私たちは日本の学校教育の中にもっともっと根づかせていかなければならないと思います。それは、人々の「自由」や「自由な社会」をより実現する重要な契機になるはずです。

と、しかし大急ぎで付け加えなければなりません。右の大原則だけでは、「自由な社会」を実現することはできないのです。

「他者の自由を侵害しない限り、何をしても自由」という原則は、それだけが強調されれば、単なる相互不干渉と無関心の社会をもたらしてしまうからです。

「自由な社会」は、みんなでつくり合うことで初めて実現することができるものです。つまり私たちは、繰り返し述べてきたように「みんなの意志を持ち寄って、みんなの利益になる合意を見出し合う」ことができなければならないのです。

フリーダムとリバティ

先ほど、福沢諭吉がフリーダムとリバティを「自由」と訳したと言いました。でもこのフリーダムとリバティは、少しニュアンスの違う概念です。

ハンナ・アーレントは、『革命について』（１９６３）という本の中で両者をはっきり区別してこう言っています。リバティとは「解放」を意味する言葉で、本来の「自由」は、実はフリーダムのほうである、と。

先ほども言ったように、アーレントによれば、フランス革命は「解放」（リバティ）を求めたために失敗してしまいました。自分たちを抑圧する権力者たちをことごとく殺戮し、そればかりか、党派争いが激化して、仲間内で殺し合う羽目に陥ってしまったのです。「解放」を一番の目的にすると、最後はテロが解き放たれることになる。アーレントはそう言いました。

それに対して、アメリカ独立革命は、単なる解放ではなく「自由」（フリーダム）を〝創設〟するものだったとアーレントは言います。端的に言えば、それはみんなが「自由」になるための制度を共につくり出すことでした。

現われの空間

みんなが「自由」になるための制度。それは具体的には、合衆国憲法や連邦政府、大統領制などの仕組みのことです。でもアーレントは、その底には次のような本質的な考えがつねに敷かれていなければならないことを強調しました。

一人ひとりが、いつでも公共の場に現れ出ることができ、自らの声を響かせ合うことのできる、そんな空間をつくり続けること。これをアーレントは、アメリカの第二代大統領ジョン・アダムズの言葉を借りて「現われの空間」と呼びました。

先ほどのルソーの思想の観点から言えば、「一般意志」を見出し合うためには、「みんなの意志を持ち寄る」場が必要なのです[4]。私はいったい誰であるか。何を考え、何を意志しているのか。そんなことを表現し合える「現われの空間」において、一人ひとりが声を発する機会が保障されていなければならないのです。

このことは、公教育へも豊かな示唆を与えてくれます。子どもたちが、「現われの空間」において、対話を通した合意形成の機会をどれだけ十分にもつことができるか。民主主義の、すなわち「自由な社会」の実現のためには、学校もまた、このような「現われの空間」を存分につくる必要があるのです。その具体的な方途については、次章以降でリヒテルズさんと大いに論じ合っていくことにしたいと思います。

「でも、声を発することのできない人はどうなるの？」「そうした人たちは見捨てられてしまうのではないか？」。そんな疑問をもたれる方もいるかもしれません。障害があったり、貧困のために声を発する余裕もなかったりする人たちの声は、いったいどうなるのか、と。

「一般意志」の原理に則る限り、そうした人たちの声も必ず尊重されなければならないことは言うまでもありません。「一般意志」は、「みんなの意志を持ち寄る」ことで見出されるべきものだからです。そこから排除される人があってはなりません。

別言すれば、私たちは「一般意志」の原理があるからこそ、どんな少数者の声も尊重されなければならないと主張することができるのです。もしこの原理がなければ、権力者による意志決定や、あるいは「多数者の専制」がいとも容易く実現してしまうことになるでしょう。

だから私たちは、この民主主義社会においては、声を発することが難しい人たちの声をちゃんと響かせるための仕組みをつくり続けていかなければならないのです。形式的な投票の機会だけでなく、声なき声を代弁する人たちの組織化やその支援など、ありとあらゆる「現われの空間」をつくり出していく必要があるのです。

生活様式としての民主主義

以上のように、「自由な社会」は、他者の「自由」を侵害しない限り何をしてもいいと言っているだけでは実現することのできないものです。それは一歩間違えば、相互不干渉や無関心を助長し、結果的に「自由な社会」――民主主義――を危機にさらしてしまうことになるからです。

アーレントは、『全体主義の起原』（1951）という本の中で、この相互不干渉や無関心、つまり個々人がバラバラになった状態こそ、ナチズムやスターリニズムなどの全体主義を生み出す土壌になったと主張しました。

人々のつながりが弱まり、バラバラになると、その不安から、私たちは全体主義的権力にすがりたくなってしまうのです。生活のすべてを指導してくれる「強い男」を求めるようになるのです。エーリッヒ・フロムもまた、有名な『自由からの逃走』（1941）で同じようなことを主張しました。

その意味で、「自由な社会」は、相互の不干渉や無関心からは決して生み出すことのできないものです。三権分立や選挙制度などがあれば自動的に実現するものでもありません。私たち一人ひとりの中に、対話を通して「一般意志」を見出し合うことを大切にする感度が育まれている必要があるのです。

20世紀アメリカの哲学者、ジョン・デューイは、民主主義とは単なる制度ではなく「生活様式」であると言いました[5]。制度を整えればめでたしめでたし、なのではありません。他者の自由を尊重し、対話を通して「一般意志」を見出し合う、そんな「生活様式」を、私たちは身につける必要があるのです。

言うまでもなく、デューイは、教育こそがそんな生活様式を身につけるための最も重要な制度であることを訴えました。彼の主著の一つは、その名も『民主主義と教育』（1916）です。まさに公教育こそが、民主主義を支え実現するための根幹となる制度なのです。

公教育はこれまでどんな役割を担ってきたの？
現代ではどんな役割を果たすべき？

A.

公教育は、富国強兵と殖産興業のために生まれた歴史的経緯があります。でもその本来の目的は、すべての人の「自由」と「自由な社会」を実現していくことです。この本質に、いまこそ立ち戻らなければなりません。

ルソーにとっても、また、フランス革命期に活躍した「公教育の父」と呼ばれるコンドルセにとっても、教育とはすべての人の「自由」と「自由な社会」を実現するものにほかなりませんでした。

でも、コンドルセらが公教育制度を提案してから、実際に制度化されるまでの約１００年の間に、事情は大きく変わってしまいました。

富国強兵と殖産興業

時あたかも、植民地主義の時代。西洋列強が、世界中を巻き込んで、食うか食われるかの熾烈な争いを繰り広げていた時代です。

学校教育は、この時代に成立しました。それはつまり、富国強兵と殖産興業のための制度として利用されたということです。

今日の「国民国家」（ネイション・ステイト）は、19世紀になって登場したものです。ベネディクト・アンダーソンはこれを「想像の共同体」と呼びましたが[6]、実際、国民国家はさまざまな仕掛けを通して人為的につくり出されたものでした。

時に民族や言語、宗教の異なる人々さえも、同じ「国民」として統合してつくり出したのが国民国家です。その過程で、共通の言語や価値観を教授する公教育が、重大な役割を果たしました。アンダーソンは、とくに言語的な統合が、ナショナリズム勃興の主要因であったと指摘しています。

日本でも、幕末に維新の志士たちが藩を超えてつながっていきますが、当時、九州と本州、あるいは江戸と大阪でさえ、言葉も十分には伝わらなかったそうです。そして言うまでもなく、彼らには同じ「日本人」という意識はほとんどありませんでした。明治以降、「共通の言語」が教育を通して共有されることで、「日本人」は生み出されていったのです。アイヌや琉球の民族なども、明治政府は日本人として一気に統合していきました。

こうして、列強各国は教育を通して国民にナショナリズムを植えつけました。それまでに敗戦を経験した国は、とくに教育への投資に力を入れました。ナポレオン戦争で国土の半分を失ったプロイセンもそうですし、その後、普仏戦争で今度は逆にプロイセンに敗れたフランスも、また、西洋列強の前になすすべもなかった明治期の日本もそうです。

実際、国民統合に成功した国ほど、戦争に強くなりました。日本は、世界的にも非常に珍しい、民族的、言語的、宗教的同質性の高い国です。これが国民統合には有利に働きました。

天皇の存在は、その際に絶大な威力を発揮しました。明治天皇の「教育勅語」や「御真影」が学校に掲げられたのもそのためです。

明治５（１８７２）年、「学制」が頒布され、公教育制度が猛烈なスピードで整えられていくことになりました。学制の序文として知られる「被仰出書」には、「邑ニ不學ノ戸ナク家ニ不學ノ人ナカラシメン事ヲ期ス」と明記され、「国民皆学」が目指されました。明治7（1874）年には、すでに小学校が二万校を超えたと言われます。現在とほぼ同じ数ですから、驚くべきスピードだったことがわかります。

私はよく、今日の学校システムを、「みんなで同じことを、同じペースで、同じようなやり方で、同質性の高い学年学級制の中で、出来合いの問いと答えを勉強するシステム」と言っていますが、それはこの時に発明されたものです。上質で均質な兵士や労働者をつくるためには、この大量生産型のベルトコンベヤー型システムが最も効率的だったのです。

文明の衝突？

でも、時代は大きく変わりました。私たちは、いまようやく、公教育の本質に改めて立ち戻るべき時代にいると言っていいでしょう。すなわち、「自由な市民」の育成と「自由な社会」をつくること。これが公教育の本質なのです。

生き残るためにどうしても国民の統合が必要だった国民国家の草創期には、どの国も、富国強兵と殖産興業を公教育の最大の目的としたのはある意味で仕方のないことでした。しかし、20世紀の二つの世界大戦を経験した人類は、今日、あからさまな暴力ではなく、対話を通した国際問題の解決を目指そうとしています。

したがって学校も、いまこそ「自由な市民」の育成と「自由な社会」をつくるという公教育の本質に立ち戻らなければなりません。そのために、学校は子どもたちに「みんなの意志を持ち寄って、みんなの利益になる合意を見出し合う」経験を十分に保障しなければなりません。公教育にかかわるすべての人は、いま、そのことをしっかり自覚する必要があるでしょう。

むろん、世界はいまも暴力と無縁ではありません。

民主主義の伝道師を自認するアメリカは、しかしその実、世界中で戦争を繰り広げてきた張本人です。まるで、世界の安定のためには自分たちの軍隊が必要であることを誇示するかのように。

言うまでもなく、その背後には、自国の経済的優位を保持する動機もあります。それ自体は、ある意味で当然のことです。でもいっそう問題なのは、いまやそれが、自国の経済的優位というよりも、一部のグローバル企業を利するという動機にすり替わっているように見えることです。

アメリカはいまや、超富裕層が政治を支配する国です。超富裕層が、政治家を金で操り、自分たちに都合のいい政策を次々に実現していくいわゆる「レントシーキング」を行っているのは周知の事実です[7]。このような金権政治がはびこるアメリカは、もはや民主主義国家ではなく寡頭制国家と呼びたくなるほどです。

他方、権威主義的体制を強めるロシアや中国の台頭も、民主主義の危機を象徴するものです。

いや、というよりも、私たちはいま、ほんとうの意味での「文明の衝突」の時代に突入しているのかもしれません。

とくに中国の社会的な価値観は、2000年以上におよぶ儒教文明に根ざすものです。儒教では〝序列〟がきわめて重要なものとされます。だから民主主義とは非常に折り合いが悪い。たかだか数百年の歴史しかもたない近代民主主義の理念は、この中国文明の前では巨象の前のアリに思えてしまうほどです。

さらに、今日の資本主義社会においては、権威主義的国家のほうが有利な面があるように見えるという問題もあります。ブランコ・ミラノヴィッチという学者は、西洋的なリベラル資本主義に対して、中国のそれを権威主義的資本主義、あるいは政治的資本主義と呼んでいますが、これがいまのところ比較的うまく行っている。少なくとも、そのように見える面がある。(8)

要するに、中国がその存在感を世界的に増大させるのに比例して、今日「自由な社会」の理念が相対化されつつあるのです。私たちが目指すべきは、これからもほんとうに「自由な社会」なのだろうか、と。

むろん、深刻な格差や汚職をはじめ、中国は内部に時限爆弾を無数に抱えていますから、今後はどうなるかわかりません。猛烈なスピードで進む少子高齢化のために、現在の勢いがやがては衰えることも避けられないでしょう。何より、ウイグル族に対する弾圧など、人権の観点から見過ごせない問題がたくさんあります。

しかしいずれにせよ、これまで欧米社会が築いてきた、一見したところ世界のスタンダードであるかに思われた民主主義に、いま強力な対立項が台頭しているのです。

20世紀にも、資本主義と社会主義の対立という、異なる価値観同士の争いはありました。でもこれは、ある意味では西洋的価値観内部の戦いだったと言えなくもありません。どちらも個人の「自由」は前提だったのです（社会主義は、どちらかと言えば「自由」のうえに「平等」を置いたわけですが）。

しかし今回は、まるで違う文明間の衝突が起こりつつあるのです。

１９９１年にソ連が崩壊し、資本主義が共産主義に最終的に勝利したとみられた頃、フランシス・フクヤマは有名な『歴史の終わり』（１９９２）を著して、人類はついに、近代民主主義だけが最高の政治体制であることを知るに至ったと主張しました。

しかし現状を見る限り、その理解は十分に妥当なものではありませんでした。少なくとも私たちは、民主主義以外の大国が今日存在しうることを知ったのです。

「自由」の守り手としての国家

さて、しかし私は、それでもなお、「自由な社会」の原理を手放すことは決してしてはならないと確信しています。もしこれを手放してしまったら、私たちは再び、「自由」をめぐる

「万人の万人に対する闘争」か、大多数の人が「自由」を奪われる支配－被支配社会に舞い戻ってしまうほかないからです。

だからこそ、私たちは公教育の最上位の目的を、「自由な市民」の育成と「自由な社会」の実現として位置づけ直す必要があるのです。

むろん、ここで言う「自由な市民」や「自由な社会」は、もはや一国内におけるそれだけを意味してはいません。もしも人類が自由で平和に生きたいと願うのならば、その限りにおいて、私たちはそのような国際社会を築いていかなければならないだろうからです。

とはいえ、現実的には、公教育は今後も、まずは国家をベースにデザインするしかないでしょう。というのも、人々の「自由」の最終基盤は、いまのところ国家をおいてほかにないからです。どれだけ人の流れや経済がグローバル化しても、たとえば海外の邦人を最後の最後で守り切る責務と力をもっているのは、やはり国家だけです。国内においては、国の最高法規である憲法が、国際的には、国家間の契約である国際法がそのことを保障しています。

だから、そのような自由の守り手としての国家の担い手を育成するという目的は、今後も公教育の中核である必要があるでしょう。教育基本法第1条が言うところの、「平和で民主的な国家及び社会の形成者」を育成するとはそういうことです。そしてこの土台の上に、私たちは今後、国民国家の枠にとどまらない地球市民を育成していく必要があるのです。

ちなみに、国家の枠を超えたコスモポリタニズム（世界主義）は、国民国家が形成される以前の18世紀からすでに、ヨーロッパの啓蒙主義者たちによって構想されていました（世界で初めてこれを唱えたのは、古代ギリシアのディオゲネスだったと言われています）。

コスモポリタニズムを、「地球上のすべての人の自由を実現する世界をつくる」という思想として受け取るなら、それはむろん目指すべき理想です。しかしコスモポリタンの多くは、これまでその理想を、世界の人々が普遍的な言語や価値観を共有し、国家を超えた単一の世界をつくることで実現しようと考えてきました。

しかし残念ながら、その実現可能性は今後しばらくはないだろうということが、（国際）政治（哲）学等においてはほぼ共通認識になっています。好むと好まざるとにかかわらず、人々の自由の実現は、現代においては国家を土台にするしかないのです。

たとえば国際法を見ても、そのことは明らかです。国際社会の平和と安定のためにつくられる国際法の基本は、「国家にはじまり、国家に終わる」です。[9]責任ある主権国家を前提としなければ、国際法はそもそも機能することができないからです。

ＧＡＦＡＭに代表される超国家的なグローバル企業がどれだけ力を増したとしても、国際社会はその権力に従うことはありませんし、そのようなことがあってはなりません。国際社会が従うべきは国際法であり、そのことは今日、グローバルなコンセンサスです。

さらに、残念な事実ではありますが、民主主義は一定の境界内においてしか機能しないということも、これまでの研究からますます明らかになってきています。

土着語の政治

『多文化時代の市民権』(1998)等の著作で知られるウィル・キムリッカは、その理由を端的に「民主政治は土着語による政治[10]」であるからだと指摘しています。世界のさまざまな民主主義国を研究すると、民主主義の機能のために最も必要なのは、共通の宗教でも人種でもなく、共通の言語であることが明らかであるというのです。先に紹介した「想像の共同体」のアンダーソンの主張とも呼応する指摘です。

むろん、さまざまな国際機関をはじめ、言語の境界を超えた公共空間はたくさんあります。しかしキムリッカは、そうした場は、ほとんど例外なく、複数の言語を流暢に話せるエリートによる支配になってしまうと指摘しています。つまり、どうしても非民主的な空間になってしまう傾向があるというのです。

真に民主主義的で大衆的な市民社会は、現実的に言って「土着語」を共有するいわばナショナル・アイデンティティを共有する人たちの間でしか実現が難しい。「これは嘆かわしい事実かもしれないが、当面は変わりそうにない[11]」。そうキムリッカは言っています。

本書の文脈からは、だからこそ私たちは、学校教育を通してその壁を打ち破る努力を重ねていこうと言いたいと思います。しかしまずは右の現実を直視しないわけにはいきません。

ちなみに、多言語・多民族国家が、民主主義国として、あるいは主権国家として深刻な危機をつねに抱えてしまうのも、根本にはこの「土着語による政治」の現実があります。たとえば、ウクライナの戦争で多くの日本人も知ったように、西部、中部、東部のウクライナ人は、民族的なアイデンティティをまったく異にしています。言語も、西部で話されているのがウクライナ語であるのに対して、東部や南部の多くの地域で話されているのはロシア語です。

そのため、多言語・多民族国家は、つねに分裂や抗争の危機を抱えています。問題を解決するための選択肢は、大きく三つしかありません。一つは、多言語・多民族を、それでもなお一つの国民として強力に統合すること。二つは、各言語集団の分離独立、そして三つは、各言語集団で構成される連邦国家にすることです[12]。

いずれの選択肢も、きわめて険しい道です。周知のように、旧ソ連や旧ユーゴスラヴィアの解体に際しては、各民族が独立を求めて多くの紛争が勃発しました。その過程で、国民国家の形成に失敗したケースもたくさんあります。国際的には国家として承認されていないいわゆる「未承認国家」も、いまなお世界中に存在しています。

国家は「自由の実現態」

以上のように、「国家」の創設と継続については、今日もきわめて難しい問題が山積しています。しかしそのうえでなお、国際社会は、まずもって主権国家を軸にせざるを得ないのが現状です。国際法の観点から言っても、民主主義を十分に機能させる観点から言っても、その土台はいまのところ国家しかないのです。

誤解のないよう改めて言っておくと、私たちは国家のために存在しているのではありません。その逆に、私たちの「自由」のために国家が存在しているのです。私たちは、「みんながみんなの中で自由になる」ために国家をつくったのです。19世紀の哲学者ヘーゲルが言うように、「国家は自由の実現態[13]」でなければならないのです。

グローバルな共生社会に向けた市民教育

私たちは今後も、まずは「自由の実現態」たる国家の一員としての市民育成を公教育の第一義とする必要があります。しかし先述した通り、そのうえで同時に、国家の枠を超えたグローバルな共生社会の担い手もまた育成していかなければなりません。

とりわけ、人類がようやくつかみ取った「自由な社会」の理念が、下手をすれば雲散霧消してしまうかもしれないいま、私たちはこの課題にいっそう自覚的であるべきです。どうすれば、自由で平和なグローバル社会を築いていけるのか。この問いを、私たちは今後、子どもたちと共にいっそう真剣に考え合っていく必要があるのです。

繰り返し述べてきたように、私自身は、「自由」や「自由な社会」を、人類が今後も目指し続けるべきものと考えています。しかしほんとうにそう言ってよいのか、その根本のところから、子どもたちとは考え合ってみたいとも思います。そのうえで、もし「自由な社会」が望ましいとするなら、それを可能にする条件は何か、と。

私自身、そのような対話の場を、これまで多くの子どもたちと重ねてきました。ごく一般的な学校の子どもたちとです。

私の経験では、小学校高学年くらいであれば、右のようなテーマでも十分に議論ができます。なぜか日本の教育界では、「この話題は、この発達段階の子どもたちにはまだ早い」という言葉がよく聞かれますが、ある意味失礼な話だと思います。むしろ、こちらが見くびるから、子どもたちはその程度のものしか返してこないんじゃないかとさえ思います。

むろん、理解力をあまりに超えた難解な話は、子どもを混乱させるだけで望ましくありません。でも多くの子どもは、実はチャレンジングな問いを好むものです。それが、まだ誰もちゃんとした答えを持ち合わせていないものであればなおさらです。

自分たち自身で答えを見つけ合う。そんな議論に、多くの子どもは新鮮な知的興奮を覚えるものです。学校教育は、そんな子どもたちの知性を、もっと信頼してよいのではないかと私は思います。[14]

とまれ、これからの公教育は、国民国家を土台とした「自由な市民」の育成と「自由な社会」の実現を軸にしながらも、グローバルな共生社会の担い手を育てることに十分なエネルギーを注いでいく必要があります。

ではそのような教育はいかに可能なのか？

これからの章では、この問いについて、リヒテルズさんと具体的に提言していくことにしたいと思います。

第2章

共生社会のアクターを育てる
――オランダの事例から

リヒテルルズ直子

Introduction

リヒテルズ

私は、市民社会とは対話を通して成り立つものだと考えています。「議会」は英語でParliamentですが、もともとフランス語の動詞parler（話す）と名詞のparlementに由来し、さらに、ラテン語のParabolareつまり「言葉を使って話す」に遡ることができます。ですから、議会とは「話をするための場所」という意味なのです。その議会制度を基盤とする民主的な市民社会とは、異なる意見や立場の人々が考えを述べ合うことによって、お互いが相手の立場を理解し、「これならどの立場の人にも受け入れられる解決策だろう」という合意を紡ぎ出していく、そういう社会を指しています。

だとすれば、そうした市民社会を支える成員を育てるためにある公教育の主眼は、他者に対して、自分の考えをわかりやすく論理的に、また可能な限り根拠を示しながら伝えられるようになることにあると言えます。やや極端な言い方に聞こえるかもしれませんが、算数や理科や社会の点数がどうというのは実は副次的なことで、最も大切なのは、自分が何を考え何を求めているのか、それを言葉によって表し、他者と共有する力をつけることなのです。その意味で、読み書きや話し方、数や形についての約束事、理科の実験法や物理法則、地理や歴史の知識といった基礎学力は、自分の考えをしっかり他者に説明するために必要な道具だと言うこともできるでしょう。

ところが、日本に限らず世界中で、旧来の知識偏重の伝統的な学校教育にすっかり慣れてしまった教員たちは、「公教育は何のため？」と問い直そうという気持ちも、またそうするゆとりもなく、ただマニュアル通り、指導書通りの授業を行うことで精一杯の状態にあります。そして「最近は子どもたちに対話をさせなきゃいけないらしいよ」みたいな感じで、「対話の教え方」のようなマニュアルを探している……。

苫野　前著『公教育をイチから考えよう』では、まさに「公教育は何のためにあるのか」から説き起こし、そのために今後学校はどうあるべきかを論じ合いました。今回は、その中でもとりわけ市民教育に焦点を当て、「対話を通した合意形成」の経験を学校の中核にすることを提言していきます。

でもリヒテルズさんがおっしゃる通り、「対話」の必要性はみんな言うのだけど、その本質が十分につかまれているかというと……。

リヒテルズ　そう。形だけ新しいことに目は向くのだけれど、それがいったい「何のために」必要なのかを深く考えるゆとりがない。

苫野　だから本書では、対話とは何か、何のための対話なのか、その場はいったいどうあるべきなのかなどについて、存分に論じ合っていければと思います。そしてその対話の文化を、学校の中にしっかりインストールしていきたい。

リヒテルズ　対話の文化は民主主義とも深くかかわりますが、ヨーロッパにおける民主主義の発展を振り返ると、アテネの都市国家に始まって、その後キリスト教が興り、中世には聖職者たちの強権支配や偽善が問題になって、プロテスタントの抵抗運動が起きる。それにより聖書解釈をめぐる対立が生じるわけですが、そのことが、個人の精神や言論の自由を基盤とする啓蒙思想と人権意識への道を開くきっかけになった。

一方、ルソーは、近代国家の基礎論である『社会契約論』を著したのと同じ1762年に『エミール』を出版し、子ども中心主義や全人教育の思想とともに、独立した市民を育てるという考えを示しています。このことには深い意味があり、教師が一人ひとりの子どもをユニークな存在として認めることは、近代国家の黎明期以来、非常に大切なことだったのです。けれども、産業革命とほぼ同時に成立したヨーロッパの近代国家でも、学校は産業化競争の道具になり、結果的に、学校は対話なき場所になってしまった。これに対して公教育の原点に戻り、その本質を問い直そうとしたのが19世紀末から20世紀初頭に現れた新教育運動でした。

世界では、さまざまなことが多様性をもとに動いています。自然界でも、生物は、有機的に部分と部分の間の均衡を図りながら生き延びている。社会も同じです。社会において、たとえば9割の人が黒と言っているから黒を選択しましょう、という発想はとても危うい。1割の人が白と言うことで、黒を支持する人たちの暴走にブレーキをかけることができる。そうやって、社会は安全性を確保していく。民主制の基本原理はこう考えるとわかりやすいと思います。

ジョン・デューイは『民主主義と教育』の中で「生きているものと生きていないものの違いは何か」と問い、「生きているものは、状況の変化に合わせて、自分のほうが柔軟に変わっていく」と言っています。社会も生きた有機体であるためには、その時その時に直面する、過去に経験したことのない状況に対して、さまざまな立場の人々がアイデアを突き合わせ、問題を乗り越えることが必要です。

苫野　みんなが一つの方向に流れてしまうと、下手をすると全滅してしまうかもしれない。だから多様性が必要なのだというある種の生物学的視点は、多様性の尊重がなぜ重要なのかという問いに対する一つの答えですね。

もう一方で、哲学の観点から私が強調したいのは、前章で述べた通り、多様な人たちが共存するためには、その多様性を排除するのではなく、それが他者の自由を侵害しない限り認め合うことをルールにするしかないということです。そうでなければ、いつまで経っても、多様で異質な人々の争いが絶えることはありません。

いずれにしても、人類はようやく近代になって、多様な個が尊重される社会をつくるべきだという合意に至ったわけです。少なくとも民主主義社会においては。私たちが、多様な人たちの「対話」や「対話を通した合意形成」を教育の基礎に置くべきだと主張する理由はこれですね。
「教養」という言葉は、一般にはただの物知りといったイメージがあるかもしれませんが、本来は、自分や社会をより自由にするための知や知力という意味があります。とすれば、多様で異質な人たちが共存するために、いかに対話を通して合意を見出していけるかを考えられる力は、近代社会における最大の教養と言うことができるかもしれません。

リヒテルズ

市民としての教養、知性の本質は、批判的思考力をもっていること、つまり自分の頭で考えることができるということではないでしょうか。その条件として良心の自由、すなわち、つねに自分自身で善悪を判断し続けられるということがあります。ネット上にデマがあふれる中でどうやって教養を鍛えるかといったら、やはり、ホンモノの現実を自分の感覚を通して見極める習慣を身につけ、人の言葉を鵜呑みにせず、何が正しいか、何が最も論理的かと自ら考える習慣をつけることだと思います。同時に、デマを吹聴しないという責任も重要です。つまり、受け手としてのメディア・リテラシーと同時に、送り手としてのメディア・リテラシーを学び、社会に対して責任をもって発信できるようになることが重要なのではないでしょうか。

苫野　おっしゃる通りですね。だからこその「対話」である、ということにも、やはり戻っていくお話だと思います。自分の頭で考える。でももちろん、それは独善的になることを意味しない。対話を通して、自分の、またお互いの考えを練り上げ合っていく。これこそ、教育が最も重視すべきことだと思います。

これからの時代を生き抜いていくために必要なのは、どんな力でしょうか？

A.

端的に言えば、「現実の世界の中で、自分自身を深く知り、他者と共に協働して生きる力」です。学校の役割はその力を育むことです。

「3R」から「3R+5C」へ

英語圏ではかつて、学校教育の基本を「3R」と呼んでいました。Reading（読み）、Writing（書き）、Arithmetics（算数）という3つの言葉のいずれにもRが入っているからです。私自身は、これからの教育は、この3Rを基本としつつも、さらに「他者と共に生きる力」、言い換えれば「社会の中で生きる力」をしっかり育むことに重点を置くべきだと考えています。

こうした力は、これまでも「社会性」という表現で、学校でも意識されてはきました。しかし、3Rに比べると副次的な扱いを受け、具体的な中身や方法については、教員たちも教育行政官たちも、具体的にどんなスキルを育てることなのか、そのためにどのような方法を適用すべきかなどをあまり語ってこなかったと思うのです。

私は、こうした力を、3Rに倣って「5C」と表現してきました。私の造語です。5Cとは、Communication（コミュニケーション）、Cooperation（協働）、Critical Thinking（批判的思考）、Creativity（創造性）、Citizenship（シチズンシップ＝市民性）の5つです。最後のシチズンシップ（市民性）は、他の4つを包含するものともいえます。

3Rが、易しい内容から難しい内容へと、一つひとつ段階的に学んでいく力であるのに対し、5Cは、他者との関係の中で身につけていく力で、必ずしも学びに順序があるとは限りません。

また、３Ｒは、教科書や練習帳、今日ではデジタル教材などを使って反復練習をしながら学んでいくものですが、５Ｃは、誰かしら身近にいる他者と共に、現実の人間関係を通して実践的に身につけていくほかありません。

小さい子どもたちがこうした力をつけていくためには、いきなり大きなホンモノの社会の中で練習するのではなく、多様な考え方や態度をもつ人々から成る、安全が確保された小さな集団での経験が必要です。そこで一緒に何かに取り組み、対立する立場や意見を突き合わせ、自分たちの力で合意を生み出し、時にはうまくいかなかったり失敗したりしながら、学んでいくというスモールステップを重ねる期間が必要なのです。

５Ｃにはそうした性質があるため、従来の学校で慣習的に行われてきた、教科書を使い、一定期間に定められた単元を毎回の授業で教案をつくって教えるというやり方では、育むことが困難、または不可能な面があります。５Ｃを教えるためには、教師は、子どもたちが互いに考えを言葉にして対話しなければ理解し合えない状況、それぞれが力を出し合って協働しなければできない仕事、身の回りにあるホンモノの社会で起きていることに関する発見や疑問を交換する場、教科書に書かれたことではなく自分の内側から湧き出る問いをもとに探究したり、問題解決のために独創的なアイデアを生み出したりする機会を、子どもたちに提供しなければなりません。

３Ｒは、言語や数についての約束事を覚えることですから、教師がそれを教え、生徒が反復練習をして習得することができます。これに対して5Cは、一人ひとり特性が異なる子どもたちが、自分なりの行動様式を育てていくことで身につくもので、教師が画一的・一方的に教えるというやり方では育むことができません。むしろ、教師は、一つひとつの場面や状況の中で、子どもたちに適切なフィードバック（アドバイスやヒント）を与え、何が望ましい行動なのかを子ども自身が真に納得して理解するように導かなければならないのです。

また、3Rの力は、正解がはっきりしているのでテストをして点数で評価できますが、5Cの力は、求められる行動が場面によって異なり、客観的評価が困難です。

5Cはこのように教科書を使えない、場面ごとにフィードバックする力量が教師に求められる、評価が難しいという理由から、伝統的な学校があまり得意としてこなかった、どちらかというと避けてきたものといえます。

とはいえ、これからの時代に5Cの力が求められていることは明らかです。困難とはいえ、いつまでも避けてばかりはいられない状況になっています。ましてや3Rは、場合によってはAI（人工知能）に任せたほうが人間の教師よりもずっと効率的に上手に教えてくれますが、5Cは、そこに人間の教師がいるからこそ育てられるものです。

国境を超えて責任をもつ「地球市民」を育てる

今日、世界では、母語や宗教や文化を異にするさまざまな人々が、物理的にもまたネット上でも交流しています。互いに争いを避けて冷静に交流していかなければ、私たち人類の住み処である地球そのものが破壊されてしまいかねない時代を、私たちは生きています。

かつて市民革命によって王政を倒し、近代国家を実現したフランスでは、どんなに山奥の小さな村に行っても、役所のすぐ近くに公立小学校が建てられており、その門扉の上などに必ず「自由（Liberté）」「平等（Egalité）」「博愛（Fraternité）」という3つの言葉が刻まれています。フランス国旗の3色はこの3つを象徴したものですが、公教育とは元来、この民主社会の三原則を受け入れること、つまり、すべての人の自由と平等を尊重し、国や宗教や民族という枠を超えて受け入れ合うインクルーシブな市民を育てることを目指して始まったものです。

この3つの原則は、現在、国家という枠を超えた「地球市民」を育てるために、ありとあらゆる国の公教育が真剣に取り組まなければならないものではないでしょうか。そしてこの民主社会の原則は、3Rだけではなく、5Cのような力を育むことこそを必要としています。

変革のためのエージェント

子ども一人ひとりの全人格的な発達、持続可能性とインクルージョンを目指した地球規模での市民教育は、OECD（経済協力開発機構）が掲げる未来社会に向けた教育観にも明らかです。OECDは先進経済諸国が加盟する経済団体ですが、周知の通り、未来の教育に対して先端的な課題を示す組織でもあります。未来の教育の枠組みを提示した報告書“The Future of Education and Skills: Education 2030”[1]は、日本の教育関係者にも馴染みがあると思いますが、この中で「未来に対して最もよく準備されている生徒とは、〈変革のエージェント〉である」と述べられています。そして〈変革のエージェント〉とは、「自分の環境に対してポジティブなインパクトを与えることができ、未来に影響を与えることができ、他者の意図やアクションや感情を理解でき、自分たちがしていることの短期的また長期的帰結が何であるかを予測できる人」と述べています。

「エージェント agent」は「代理人」と訳されることが多いようですが、語源になっているラテン語の agere には「動きを生み出す、前に進める、実際に何かをやる」という意味があり、当事者として「行為する人」を表す言葉です。つまり、〈変革のエージェント〉とは「変革を生むためにみずから実際にアクションする人」なのです。

現代の世界は、感染症の蔓延、気候変動、紛争、食糧や水不足など、どこを向いてもすっかり行き詰まっているかに見えます。そうした危機の時代にあって、それでも何とか人類が生き延びられるように希望を捨てずに変革を起こしていく、それが〈変革のエージェント〉の意味だと私は理解しています。

OECDのこの報告書には、〈変革のエージェント〉になるために、知識（教科的・教科横断的・認識論的・手続的）、スキル（認知的かつメタ認知的・社会的かつ情動的・身体的かつ実践的）、態度や価値意識（個人的・地域的・社会的・地球社会規模）の3つの分野での能力を高める必要があると述べられています。教科的知識は、初めに挙げられてはいますが、全体の一部に過ぎません。しかも、「教科横断的」に知識を身につけるプロセスを重視しています。

以下、この章では、〈変革のエージェント〉となるために必要な力をどのように育てていけばよいかについて、オランダの実例を具体的に紹介していきます。

日本の学校では、いまのところ、「対話」がほんとうの意味で重視されているとは言えません。オランダでは、子どもたちの対話力をどう育てているのですか?

A.

身の回りの出来事や世界で起きていることを題材に、対話をする機会を学校生活のさまざまな場面にちりばめ、子どもたちが自分の考えを率直に伝え合えるようになることを支援しています。

関係性の中で考えを言葉にする

ＯＥＣＤは、子どもたちが〈変革のエージェント〉になるような発達を助けるには、「教育者は、単に学習者の個別性を認めるだけではなく、より広い関係性に注目しなければならない。その関係とは、教員との関係、仲間との関係、家族や地域の人々との関係である」としています。これは、学校教育の「個人主義化」を批判したデューイの考えとも重なります。

他者との関係を築くうえで、対話はなくてはならないものです。対話のないところに関係性は生まれません。私たちは、頭の中で考えたり心に感じたりしていることを、相手に直接見せることはできません。言葉という道具を使わなければ伝えられないのです。

また、誰かと対話するとは、相手との関係に入るという意思表示でもあります。自分が考えていることや感じていることのうち、何をどこまで言葉にして相手に伝えるのかは、伝え手の自由意志にかかわることです。しかし対話をしようとすることは、相手と関係を結びたいというインクルーシブな意思表示そのものと言えます。

ただ、このように言ってしまうと、「いやあ、そうかな、言葉にしないコミュニケーションだってありますよ」と反論されるかもしれません。私もそれに異存はありません。人の表情や仕草は、たしかにいろいろなことを他者にメッセージとして送っています。微笑み、にらむような表情、苦しそうな身振り、当てこするような仕草などは、言葉では言い表せない多くのメッセージを他者に伝えます。また、言葉の通じない異国の人同士でも、こうした表情や仕草を使ってたくさんのメッセージを送り、受け取ることができます。

しかし、こうした言葉を媒介しないメッセージは、言葉を使ったコミュニケーションに比べて、憶測と誤解を生むリスクがはるかに大きいものです。的確な言葉を豊富に用い、伝えたいことをできるだけ正確に伝えられるように練習することは、価値観が多様化し、異文化間の交流が広がっている現代には避けることができません。

民主主義の原理は、異なる立場にあり、異なる考え方や見方をしている一人ひとりの声が聞かれたうえで、可能な限り全員が納得する道を打ち出していくというものです。相手に同意せず、異なる角度からの意見を言うのは、調和を乱すことでも相手を拒否することでもなく、社会を豊かにするための「全体への貢献」なのだ、私たちはみな、自分の見方を広げてくれる、異なる考えをもった他者を必要としている、という確信を、学校の中でも広げていく必要があるのです。

同調行動は対話力を育てない？

かつて、日本語を話せないオランダ人と一緒に日本に帰国したことがありました。その人は日本語がわからないにもかかわらず、タクシーの中や講演会などで日本人同士が会話する様子を見て、こんなふうに言っていました。

「日本人って、お互いにしばしば『そうそう』と繰り返すし、うなずき合いながら会話をしていることが多いね」

たしかに日本人は、「私はあなたに同意していますよ」というメッセージを常に相手に送りながら会話をすることが多いな、と気づかされました。オランダ人の会話はこれとは対照的です。実際、私がしばらく日本で過ごしてオランダに戻ってくると、誰かと会話をするたびに、いきなり「そうかな、こういう考え方もあるんじゃない?」「それはちょっと違うだろう」と言われ、簡単に同意してもらえないことに戸惑ってしまうほどなのです。

誰かと違う意見をもっているからといって、その人の存在を否定しているわけでも、その人を嫌っているわけでもないのです。ただ、見方や考え方が違うというだけのこと。私たちは、違っていてかまわないし、違っているからこそ、互いに学び合えるのです。

日本では、一般社会でも学校でも、「日本人はみんな同じだから」とよく言います。そのせいで、私たちは、「議論しなくても互いに理解し合える」と思い込んできたのかもしれません。でもほんとうにそうなのでしょうか。現実には、北海道から沖縄まで、実にさまざまに異なる風土と文化があります。また、職業や社会的地位や学歴の違いは、ものの見方に大きな違いを生みます。都市化が進み個人主義が広がることで、価値観の多様化は激しく進んでいます。同じ日本人であっても、一人ひとりの背景や考え方は、実はとても多様であるはずなのです。

それにもかかわらず、互いの考えの違いを明らかにするため、また、その違いを通してより深く物事を見直すための意見交換の方法を、私たちは学校でほとんど学んできていません。そのため憶測から誤解が生まれたり、率直な意見を言えずに不満を溜め込んだり、会議中みんなの前では建前を述べつつ、会議が終わった後に仲間内で廊下の隅で本音の愚痴を言っていたり、事前に根回しをして反対意見が出ないようにしたり、それがやがて派閥の形成につながったり、同調を求めすぎるあまりたった一言の異論が分断を生んだり……といったことが日常茶飯事のように起きている気がするのです。こうしたことは、社会が全体としての利益を共有して建設的・創造的に前進することの妨げになってはいないでしょうか。

対話力の育て方

では、オランダの学校では、子どもたちの対話力をどのようにして育てているのでしょうか。

オランダで用いられる、イエナプランやフレネ教育の実践者が編纂した言語教育教材“DAT Plus (De Reeks)”[2]では、「話す」と「聞く」が同時進行で起きる口語コミュニケーションの学びを言語教育の重要な一部と捉え、段階を踏んだ対話の指導法を示しています。以下はその骨子をまとめたものです。

①場面づくりと目標設定

〝DAT Plus〟は、国語や英語といった言語の力は、時間割で区切られた教科学習の時にだけ育むものではなく、学校生活のありとあらゆる場面で発達させるものとの考えに立っています。とりわけ、対話は、クラス会議や生徒会活動、学校内外・国内外で起きた出来事について話し合う時間、プロジェクト学習や総合学習での協働作業の打ち合わせ、学校外の人との交流、催しや発表会の企画と実施、遊びの中など、学校生活のさまざまな場面にちりばめられています。こうした対話の場面を、言語教育を行うための状況として捉え直し、教員たちが体系的・組織的に子どもたちの言語能力の発達を導く方法が示されています。

ここでの目的は、単に情報の伝え手としての「話す力」「表現力」を育てることにとどまらず、受け手として相手の話を「聴く力」を育むことも含まれます。さらに、情報と意見を区別して話す力、誰かと対話をする際、事前に準備することなくキャッチボールのようにその場で相手の投げてくる言葉に素早く反応する力などを育てていくことです。

〝DAT Plus〟では、これらの力を徐々に段階を踏んで身につけていくために、幼児〜初等教育年齢の子どもたちの発達を４段階に分け、各段階で指導の目安を示しています。

②話し合いの参加者が学ぶこと・リーダーの役割

〝DAT Plus〟は言語能力を23の分野に分けています。表２－１は、そのうちの４分野、「ミー

表2-1　DAT Plus で対話を行う際の目安

	参加者が学ぶこと	リーダーの役割・スキル
1（4～6歳頃）	・話し合いに参加し、思い切って発言したり、言葉で表現する ・１つのテーマにとどまって話をする ・話し合いには、できるだけ積極的に参加し、お互いの話によく耳を傾ける	・教員が話し合いのリーダーとして、誰が発言するかを決める ・テーマを提供し、テーマに沿って話し合いが進むように、話題が逸れないように気をつけ、参加者同士が考えを交換し合えるようにする
2（6～8歳頃）	・お互いの考えを交換し合うことに気をつける ・他の人に問いを発する ・情報と意見を交換し合う ・意見の違いをポジティブなものとして経験できるようになる（他者の意見の尊重）	・テーマに沿って話し合いが進むように、話題が逸れないように気をつけ、参加者同士が考えを交換し合えるようにする ・子どもたちも、教員の助けを借りながら、交代で話し合いのリーダーの役割をもつ
3（8～10歳頃）	・話の内容を深める ・意見を言う時に論拠を挙げる ・いまのテーマに関係がある新しいテーマを持ち込む ・情報と意見とは分けて取り扱い、情報については情報源が何かを示す	・主に子どもたちが話し合いのリーダーとなり、誰が発言するかを決め、テーマに沿って話し合いを進める ・発言者に問い返したり、話されたことを要約したりする ・最後に話し合いの内容を締めくくる
4（10～12歳頃）	・異なる情報源や、意見の根拠になっているものについて、比較したり評価したりする ・自分の立場が何かをお互いに示し合う ・自分の意見の根拠を示し、それをもって相手を説得することを試みる	・子どもが話し合いのリーダーになる ・必要に応じて、発言者に問い返して話を掘り下げたり、議論を中断させたりする ・他の子どもたちと共に、話し合いの内容を要約し、結論をまとめる

ティング」「時事サークル」「哲学サークル」「英語サークル」を行う際の目安として示されたものを、話し合いの参加者とリーダーに分けてまとめてみたものです。

③対話に入る前の準備

このように、オランダの子どもたちは、4歳で初等学校に入学した時から、話し合いに参加し、意見を述べたり、他者の話に耳を傾けたりすることを、言語教育の一環として実践的に学んでいます。

教員たちは、新学年になってからこうした対話をいきなり始めるのではなく、子どもたちが話しやすい環境づくりに力を入れています。みなで一緒に遊び、互いによく知り合い、信頼関係を築く時間を多く設けるのです。こうすることで、周りの子どもたちを恐れたり、みんなの前で恥ずかしがったりせずに、自分の意見を言えるようになります。

ここに挙げたのは、子どもたちの対話力を育てるための具体的手法の一例ですが、この例でもわかる通り、対話や議論のスキルも、数の力や読み書きの能力を育てるのと同様、子どもの発達段階に合わせて、易しいものから難しいものへと段階を踏んで学んでいくための枠組みが必要です。コミュニケーション能力は、子ども同士が自由に話し合う時間を時々設ければ育つ、というようなものではないのです。とくに、情報と意見を区別して話せるようになること、説得力のある根拠をもって意見を言えるようになることなどは、対話力を身につけるうえで極めて重要なスキルだと思います。

オランダの学校では「他者の尊重」をどう教えているのですか？

A.

多国籍や異年齢、障害をもつ子どもなど、さまざまな子どもたちが肩を並べて学び合える環境を学校の中に意識して設けることによってです。

「みんな同じ」から「違っているから豊か」へ

以前、日本のある過疎地の小学校で見た光景です。

小学4年生のクラスには、子どもがたった4人しかいませんでした。私が訪れたその日、担任の先生から、「いま、講堂で子どもたちが学芸会の練習をしているので、ぜひ見にきてください」と言われ、誘われるままに講堂を訪れました。立派な講堂は体育館と兼用されており、床にはバスケットボールコートの線が引かれていました。その線に沿って4人の子どもたちが並んで立ち、全員が同じ旋律でピアニカを演奏していたのです。

その様子を見て、私は、少し残念な気持ちになりました。

なぜ、4人が4人ともピアニカを吹いていなければならないのだろう。たった4人しか生徒がいないのだったら、それぞれに自分が好きな楽器を持たせて合奏させてやればいいのに……。

そう思ったのです。

それは、オランダの教育者が、「10人集まれば一人の力の10倍のことができる、ということを教えるのではなく、10人がそれぞれに異なる得意なことを持ち寄れば、10人分以上、もしかすると100人分の力になるかもしれない、それを体験させるのが大切だ」と言うのを、聞いたことがあったからです。

「協働 Cooperation」を象徴的に示すイラストレーションに、色と形の異なるパズルのピースを持ち寄って大きな一つの絵にする、というものがあります。一人ひとりが持っている凸凹した能力や性格を組み合わせるから、みんなで作り上げる成果がその人数分をはるかに超えたものになるということを表しています。

オランダなどヨーロッパやアメリカの教育者たちが「協働」と言う時、その言葉には、このような意味合いが込められています。みなが同じことをして全員が同じようにできたというのは協働ではありません。協働を教えるためには、性質や得意・不得意が異なる子ども同士を組み合わせ、役割を分担しながらみなで大きな成果を導くという体験が必要なのです。

たとえば、グループの子どもたちが、何かについて探究した結果を発表することになったとします。その時に、絵を描くのがうまい子が大きな紙にイラストを描き、動画を撮るのが得意な子が実験や観察の過程を撮影して見せる、人前で恥ずかしがらずに話せる子が司会をする、文章を書くことが上手な子がみなに配布する紙に説明文を書く、そんなふうに手分けをしながら、全員の力で発表をよりよいものにすることができます。行事や催しは、子どもたちがこうした役割分担で全体を成功に導く体験をする絶好のチャンスです。

たった一人ではどんなに頑張ってもできないことを、みなで少しずつ力を出し合って成功させる。こうした協働の経験は、自分の力と他者の力を尊重することの大切さを学ぶ機会になります。

現実に、今日の世界では、創造的な仕事は、異なる専門分野や視点をもつ多くの人の知恵を出し合ってつくり上げていくことが多いのではないでしょうか。企業のイノベーションも、新しい都市計画をする際も、複数の人々が力を合わせるからこそ、確固とした成果物を生み出せるのです。人々が集まった時に、同じ基準に立ってどちらが優れているかとエクスクルーシブ（排他的）に見るのではなく、誰が何を担当すれば全体の結果がよくなるかとインクルーシブ（包摂的）に考えるのです。

異年齢学級の実践

異年齢学級にも、これに類似した考えがあります。

「教育の自由」が保障されているおかげで、さまざまな理念や方法の学校教育が並存しているオランダでは、モンテッソーリ・スクールとイエナプラン・スクールが、異年齢学級で授業を展開しています。通常、4・5歳児の幼児グループ、1・2・3年生の低学年グループ、4・5・6年生の高学年グループをつくっています。

これは複式学級とは違います。複式学級が、学年ごとの教育内容を意識し、学級内でも、1年生はこれ、2年生はこれ、3年生はこれというように分けて教えることが多いのに対し、モンテッソーリ・スクールやイエナプラン・スクールでは、それぞれの生徒がどの学年に属しているかに関係なく、その子の発達がいまどの段階にあり、次に何を学ばなければならないかというところに焦点を当てて学べる環境を設けているのです。

その結果、子どもたちは、年齢や学年に関係なく、何かが得意な子がわからなくて困っている子に教えたり、大きな子が小さな子を助けたりすることを、ごく当たり前のこととして受け入れています。異年齢学級では3年間同じ教室にいますが、毎年3分の1ずつの子どもが入れ替わり、自分の立場も、年少・年中・年長というように毎年変わります。初めは、助けられたり教えてもらったりしていた子どもは、次の年には、助けたり教えたりする立場も経験する、そして3年目には、指導的な役割を責任をもって受け止めるようになるのです。立場を変えながら、教え・教えられ、助け・助けられる経験を重ねることで、自分と他者を尊重することを自然に学んでいます。

シチズンシップ教育ってなに？
道徳教育とは違うんですか？

A.

道徳教育は、しばしば教科書を使い、人として模範となるような行動が教えられます。他方、シチズンシップ教育は、一人ひとりの人間が、「正しいことは何だろうか」と自ら考える姿勢をもって社会に能動的にかかわることを学ぶものです。

シチズンシップ教育の目的

道徳教育も、シチズンシップ教育も、突き詰めれば、他者とどう平和に共存していくか、そのための行動規範を学ぶものだと言えるでしょう。シチズンシップ教育と一言で言っても、国によっては、日本と同じように、何らかの徳目を学ぶ従来型の道徳教育で済ませていることもあり、両者の間に必ずしも明確な線引きがなされているわけではありません。しかしオランダでシチズンシップ教育と呼ばれているものは、「民主的法治国家の基本的な価値意識」を身につけることを目的とすると明示されています。そしてその実践は、いくつかの点で、私たちが慣れ親しんできた道徳教育とは異なるものです。

他律か自律か

道徳という言葉を字義通りに読めば、何らかの「道」の「徳目」を学ぶことと捉えられます。現に、道徳は、多くの場合、何らかの宗教の教えや、ある文化集団の中で伝統的に受け継がれてきた行動規範をもとにしています。その意味で、自分の内面というよりも、自分を取り巻く周囲の人々が善悪について共有している、その社会に共通の規範意識に基づいています。そのため他律的な性格を強くもっており、タブー（慣習的に触れてはいけないとされていること）なども含まれることがあります。

これに対して、シチズンシップ教育は、自らの良心、すなわち自分自身の内面にある善悪のコンパス（指針）を自覚し、ほんとうに正しいこと、善なることは何なのかと自分の頭で考え判断するという自律的な態度を養おうとするものです。もちろん、良心は、自分の感覚だけではなく、生まれ育ってきた環境や周りの人の影響を受けて形成されるものですが、そういうさまざまな影響を受けつつも、あくまでも自由意志で判断するのが良心です。伝統的にタブーといわれていることをあえて見直してみることも、シチズンシップ教育の一環になりえます。

エクスクルーシブかインクルーシブか

一定の文化や宗教に紐づけられた道徳は、それ以外の文化や宗教の人たちには「無効」「無意味」「奇妙」と受けとられることもあります。たとえば、ユダヤ教やイスラム教などでは、教義にしたがって「異邦人」「異教徒」を受け入れません。

これに対してシチズンシップは、何らかの宗教や文化に紐づけられたものではなく、個々人の背景を超えて他者を尊重する心を求めるものです。シチズンシップ教育では、子どもたちに、ある人の価値観が他の誰かの価値観よりも優れているというふうに考えさせるのではなく、お互いの規範意識そのものを尊重し合うように指導します。

もちろん、民主社会の約束事である「憲法」や「法律」には、すべての人の基本的人権が保障されると明記されています。ですから、いくら互いの価値観を尊重するといっても、たとえば人を殺してもいいとか傷つけてもいい、あるいはある人々を差別してもかまわないなどと考える場合には、それを容認することはできません。

権威主義か平等主義か

道徳が、聖典や語録、またその教えを伝える人など、権威ある他者が示した徳目にしたがうものであるのに対し、シチズンシップは、人と人の間の序列を認めません。

民主的シチズンシップ教育が教えようとしているのは、人はみな、自分の自由意志にしたがって発言し行動できること、そして互いの自由を平等に尊重する責任意識です。人は、どんな権威からも独立して自らの自由意志で行動できなければなりませんが、同時に、他者の自由を侵害してはならないのです。その観点に立ち、シチズンシップ教育では、他者とのかかわり方、自分と他者双方の自由意志を尊重するために歩み寄るという行動様式を学び、また、自分が属しているグループのルールづくりにかかわることを通して、「法治」とは何かを学んでいきます。つまり、シチズンシップ教育では、権威や独裁者による専制的支配ではなく、すべての人が平等に扱われる「法による支配」を受け入れ、この法を守る責任を学ぶのです。

受動的か能動的か

オランダのシチズンシップ教育では、国は、すべての学校に対して、生徒に次の7項目を教えることを義務づけています。それは、①表現の自由、②平等、③他者への理解、④寛容、⑤自律（自分の生き方は自分で決める）、⑥不寛容の拒絶、⑦差別の拒絶です。

とくに不寛容の拒絶と差別の拒絶は、人々が、ただ単に「人に迷惑をかけずに従順でいる」だけではなく、世の中で起きている不条理な行為に対して、積極的に拒絶する態度を求めています。それを、オランダでは、「アクティブ（能動的）なシチズンシップ」と呼んでいます。

つまり、シチズンシップには、社会の不正に背を向けて知らん顔をするのではなく、拒絶を表明することが本来の市民であるとの考えが含まれているのです。シチズンシップの重要な要素としてよくいわれる「社会的関与 Social Engagement」とはこのことを指します。ボランティア活動をするなどの「社会参加 Social Participation」は、この社会的関与の一部、すなわち自分の身の回りで起きる不条理を容認しないこと、不条理が起きないように働きかけることの一部として行われるもので、社会的関与そのものと一致しているとは限りません。

シチズンシップ教育は、実際にはどのように行われているのですか？

A.

自治によるルールづくりやコンフリクト（対立）への向き合い方を通して、経験的に学びます。自分の意思を表現すること、いじめを容認しないこともシチズンシップの大切な要素です。

対立はあって当たり前――歩み寄ることを学ぶ

オランダのシチズンシップ教育のプログラムの一つとして広く普及しているフレーデザームスホール・プログラムは、もともと移民で経済的に恵まれない家庭が多い地域のために考案されました。こうした地域の学校では、母語としてオランダ語を話している子どものほうが少なく、しばしば数十もの異なる国から来た子どもたちが、オランダ語を十分に身につけないまま同じ学校に通っています。宗教の違い、言語の違い、背景の違いは、それぞれの民族集団がもつ規範意識の対立にもつながり、学校内で多くの深刻なコンフリクト（対立）を生む原因になっていました。そのため、ユトレヒト市が資金を提供し、ユトレヒト大学の教授が指導者となって、このプログラムが開発されました。現在、１０００校近くの学校がこのプログラムを採用しています。

フレーデザームスホール・プログラムは、人と人との間には「コンフリクトが起きるのは当たり前」という前提に立っています。人はみな一人ひとり異なる生まれと背景をもっているのだから、考え方や見方は異なっていて当然だ、しかし、異なっているからといってお互いを排除するのではなく、受け入れ合う、歩み寄ることが必要だ、というのが土台にある考え方です。開発者たちは、オランダ語の「フレーデザーム」という言葉を英語の「ピーサブル」という言葉に訳します。つまり、単に「平和な Peaceful」状態を目指すのではなく、「平和は可能 Peaceable」と考えて、意見や立場が異なる子どもたちが、平和を生み出すために建設的にかかわり合う態度を養おうとしているのです。

自治を学ぶ

このプログラムに限らず、オランダの学校で行われているシチズンシップ教育は、いずれも、子どもたち自身による、学校生活の自治を重視しています。それは、教員（集団）による統治は、権威主義につながる可能性をはらんでいるからです。

シチズンシップ教育の専門家であるユトレヒト大学元教授のミシャ・デ・ウィンターは、子どもたちを「仲間市民」と呼んでいます。子どもたちは、いまはまだ選挙権をもたない未成年だが、やがては、教師や保護者など大人たちと同じ選挙権をもって社会の行方を決めるようになる、いわば市民「予備軍」なのだから、大人と同じように尊重されなければならないというのです。そこで、子どもたちには可能な限り自治を認めて、その練習をします。

子どもたちによる自治は、各クラスで自分たちのルールを決めることから始まります。オランダの多くの小学校では、年度初めに、子どもたちが「どうすればみんなが安心・安全、しかも快適に過ごすことができるか」をテーマに「約束事」を話し合い、ルールを決めるという活動に取り組みます。話し合いは数週間をかけて、少しずつじっくりと行われます。

子どもたちがつくるルールは、おそらく、クラスによってそれほど大きな違いはないことでしょう。年度が変わるたびに新たにつくり直すのは大変じゃないかとか、そんなことに時間をかけるなら基礎学力の習得に力を入れたほうがいいんじゃないかと思う人もいるかもしれません。しかし、大切なのは、ルールづくりにすべての子どもが主体的にかかわり、自分がそのルールを了承したということを自覚できることなのです。仮に話し合いの中で発言しないとしても、その場にいることで、ルールへの責任は問われます。

このようにしてつくった約束事を、ある子どもが守らず、結果的に誰かの迷惑になる行為をしてしまった場合、教師は、「みんなでどんな約束をしていたかな」とその子に思い出させます。叱ったり罰を与えたりすることは、「法の支配」という観点からすると、意味がありません。むしろ独裁・専制に近いものです。教師の「みんなでどんな約束をしていたかな」という言葉かけは、「あなたもルールを決める時にその話し合いに参加していたのでしょう？　それならば、あなたにはこのルールを守る責任がありますね。それなのにどうして守らなかったの？」という意味なのです。ルールを自分たちでつくるという「自由」とそのルールを守るという「責任」とを子どもに自覚させるためのかかわりです。これが、一人ひとりの成員が話し合って紡ぎ出した「一般意志」を「約束事」（＝法）としてみなで了承し、自らの社会を自ら治める（民主制）ということなのです。

「助けて」と言う力、感情を言葉にする力、嫌なことに「ノー」と言う力

オランダのシチズンシップ教育は、保育園の時期から始まると言っても過言ではありません。この年齢の子どもたちに教えられるのは、まず自ら「助けて」と言う力。次に、自分の感情を、大声を出したり、暴れるなどの行動ではなく言葉で表す力。そして、自分が嫌なことに「ノー」と言う力です。

オランダの保育士たちは、子どもが2歳ぐらいになっていれば、おむつが汚れた時に、自分から保育士に伝えられるように仕向けていきます。オランダの保育園には、保育士がかがんで腰を痛めることがないように、真っ直ぐ立ったままで子どものおむつを替えられるテーブルのような台がありますが、その台には、子どもが自分でそこに登るための階段がついています。

「自立」とは、何でも自分ですることではなく、助けがなければ自分一人ではできない時に、自分のほうから誰かに「助けて」と言える力をつけることなのです。私たちはみなが同じように何でもできなければならないのではなく、できないことがあって当たり前。できない時には誰かに助けを求める、これが「自立」です。

また、保育士は子どもたちが「自分の気持ちを言葉で表現できるようになること」も意識し

ています。子どもが怒ったり泣いたり暴れたり叫んだりした時、「悲しいの?」「苦しいの?」「寂しいの?」「何に怒っているの?」と、それぞれの感情を表現する言葉を用いて、子どもが自分の感情を言葉にし、落ち着いて人に伝えられるよう促します。民主社会では、他者と対立した時や他の人が自分の気持ちを理解しない時に、暴力を使ったり、暴れたり、感情的になったりすることなく、自分の考えを言葉で表現し、対話によって問題を解決できなければならないからです。

また、嫌なことにはっきりと「ノー」と言えるようになることにも気をつけています。権威主義的な社会では、誰かの意見に反対したり、異なる意見を言うことがネガティブに捉えられがちですが、民主社会では、「ノー」は「イエス」と同価値で、相手とは異なる意見をもっていることを示しているに過ぎません。

「ノー」と言えるようになることは、性教育の一環としても重視されています。それは、男性優位による性被害や、年長者や上司など権威者によるパワーハラスメントが、現在でも社会にはびこっているからです。シチズンシップ教育が求めている自立的市民とは、どんな権威にも容易に屈しない人のことなのです。

いじめは社会全体の責任

いじめ対策も、シチズンシップ教育の一環です。いじめについて学び、子どもたち自身がいじめを防止する責任を負う練習をします。

日本からオランダの学校を見学しに来る人たちは、よく「オランダにはいじめなどないのでしょうね」と言いますが、そんなことはありません。いじめは、オランダでもどこでも、子どもの社会には必ず起きます。社会性そのものが発達途上にある子どもたちには、いじめは避けられないとも言えます。問題は、子どもの時に「いじめはいけないことだ」ということを理解し、いじめのない社会づくりに進んで貢献する気持ちをもてるように育てることなのです。

もしも、日本とオランダに違いがあるとすれば、日本の学校では、子どもたちのいじめを教員たちの責任と考え、できるだけ表面化させないよう取り扱うことが多いのに対し、オランダでは、いじめはできるだけ早く子どもたちにオープンにし、解決の責任を子どもたちに与えることです。いじめが起きている社会に属している子どもたち自身が、当事者として責任をもつ態度を養うようにするのです。

子どもたちには、まず、「いじめ」と「からかい」の違いは何かを教えます。からかいは、双方の立場が平等でどちらからも起きるものであるのに対し、いじめは、いずれか一方がいつも攻撃し、他方は攻撃されるだけという関係です。つまり、いじめは、いずれかが一方的に権力を振りかざしていることを言うのです。ですから、いじめを子どもたちが容認しているとしたら、それは、社会の中ですべての人が平等に尊重されることを求めず、特定の人だけが権力をもつことを許していることになります。市民社会では、民主制を維持していく責任はすべての成員にあり、自分自身が特別な権力を行使していなくても、社会の中で誰かがそうした権力をもっていることに対して声を上げたり、行動したりするという関与（エンゲージメント）が求められます。

サイレント・マジョリティ（沈黙した多数者）は大衆社会の象徴です。間違ったこと、不正や不条理に気づいているにもかかわらず、「かかわり合いになりたくない」と口を閉ざし、趨勢任せ、人任せの大衆ばかりになってしまった時、不正は容認され、民主社会は衰退の一途を辿ります。人々はそういう社会に失望し、帰属感を失い、責任を感じなくなります。「社会からの疎外」と呼ばれるもので、社会はバラバラの個人が単に群れを成して集まっただけの集団となり、人々は孤立感と無力感を増幅させていきます。そういう場所では、人々が互いの強みを認め合い、共に社会を支えるというシステムはみられないし、生まれようもないのです。

市民を育てるためには、時事についても学ぶことが必要ですが、日本の学校は、「政治」と聞くだけでアレルギーを起こしてしまっています。オランダの学校では、政治をどう扱っているのですか？

A.

オランダではすべての初等・中等学校に、子どもたちが時事についてて話し合うことが義務づけられています。公営放送の子どもニュースがそのための素材として使われるほか、学校で起きた身近な出来事も題材になります。

子どもたちもニュースをわかるように

２０１１年の東日本大震災の直後、私は偶然、日本の教育関係者や学生と共にオランダの小学校を訪れていました。福島の原発事故の翌日でしたが、日本からの視察者に対して、小学生たちは、矢継ぎ早に震災や原発事故について質問しました。そこにいた日本人の学生が、「こんなに遠くなのに福島の事故のことをもう知っているんですね」と驚いていたのが印象的でした。

学校で時事を取り扱うことは、オランダでは国が義務づけています。毎晩7時に公営放送で放映される「子どもニュース」は、夜8時に放映される成人向けニュースの要点を、子どもたちにもわかるように伝えるものです。学校でも子どもたちがみんなで一緒に視聴できるように、1週間分の重要なニュースをまとめたものが学校向けに配信されています。子どもたちは、教室で昼食をとりながら、または授業の中で、このダイジェストニュースを見て話し合っています。

ニュースの中には、２０２２年のウクライナへのロシアの軍事侵攻や、テロリストによる爆撃、気候変動による大災害の様子など、子どもたちを不安にさせるものが少なくありません。だからといって、子どもたちを悲惨なニュースから遠ざけるのではなく、話題として取り上げ、クラスメートと共有することを大切にしています。

テロリストによる爆撃やロシアの軍事侵攻は、「子どもたちの質問にどう対応すればいいのだろう」と教員たちを戸惑わせました。実際、社会には不正も不条理もあるし、違法行為や人権を無視した行動も頻発しているのが現実です。

こうしたことが起きるたびに、学校の教員たちを支援している「教育サポート機関」と呼ばれる組織が、いち早く明確な対応案をネットや文書で公開します。子どもたちを不安に陥れるような緊急の事態が起きた場合には、教育サポート機関の経験ある専門家たちがすぐさま会議を開いて教員たちをサポートするための方針を決め、教員向けの研修会が開かれたりもします。

大切なのは、大人の社会のルールとして、不正や不条理を放置しないことを子どもたちに知らせることです。法を守り、不条理に対して怒る大人がいることで、子どもたちは安心感を得ます。それは自分たちもそうあるべきだというシチズンシップの模範を教師たちから学ぶチャンスでもあるのです。教育に携わる大人はこの任務を背負っています。

学校で起きる身近な出来事から学ぶ

「時事」と聞くと、テレビのニュースで話題になっていることや、国会で行われている政治論争などを思い浮かべるかもしれません。しかし、時事は、英語でactuality、すなわち「実際に起きていること」です。ですから、子どもたちの身の回りの出来事を題材にすることが、時事への関心を促す第一歩なのです。

たとえば、幼児や小学校低学年段階では、クラスで飼っているハムスターが病気になった、誰かが転んで骨折した、ある子に弟が産まれた、父親が仕事中に怪我をしたといったことは、子どもたちにとって立派な時事です。こうした時事について、子どもたちは、たくさんの問いをもっています。そうした問いを、教室で全員が円座になってお互いに出し合い、話し合います。運動場で使う遊具類が足りないために喧嘩が起きて誰かが怪我をしたとか、学芸会の準備中にものが落ちてきた、といったことも時事でしょう。学校前の空き地にいつもゴミが捨てられているとか、大雨が降って近くの住宅に浸水した、通学路で人が犬に噛まれたなどは、学校の敷地を越えているけれども、子どもたちの世界で起きている時事です。

このように、子どもたちの世界の中で起きていることについて、話し合ったり、議論したり、問いを出し合ったり、答えを探求したりということを繰り返していくうちに、市議会や県議会、国会で議論されていること、外国での出来事などが自分たちの生活とつながっていることに気づき、自分ごととして真剣に知ろうとするようになるのです。

小学生による政治家へのインタビュー、高校生の予備選挙

選挙は市民の参政権を象徴する場です。オランダでも選挙権は18歳からなので、それまでに選挙の仕組みや意味について学びます。

選挙キャンペーンの時期になると、公営放送の子どもニュースの直後などに、各政党の代表者と小学生をスタジオに招き、小学生が政治家らに直接さまざまな質問を投げかける様子が放映されます。政治家たちにとっても、将来選挙権をもつ子どもたちをどれだけ尊重しているかが試される機会ですから、積極的にスタジオにやってきて子どもたちの質問に答えています。

また、選挙の前には、高校生による予備選挙も行われます。高校生の中には、すでに18歳になっていて選挙権をもっている生徒もいますが、大半は17歳以下です。本番の選挙の前に行われる高校生の予備選挙の結果は、有権者の意向を予想する大きな要素として政治家にとって気にかかるものです。

加えて、高校生になると全国的な自治組織をつくり、教育政策への反対運動を行ったり、国会で主張をスピーチする権利などが認められています。

従来型の「基礎学力」には、あまり意味がないのでしょうか？

A.

とんでもありません。基礎学力は自立した市民として行動するための基礎です。オランダでは、４歳児から中学生まですべての子どもを対象に、知識やスキルの発達をモニターするテストを半年ごとに実施し、発達段階に即した個別の指導ができるようにしています。

子ども中心主義は基礎学力を軽視することではない

子ども中心主義や全人教育に賛同する教育者の中には、「学力偏重」という表現を使って、学力を重んじることを批判する傾向が時にみられます。「子ども中心」なのだから子どもの興味に合わせればいい、子どもが興味のないことを強制すべきではない、という主張です。しかし、オランダでは、モンテッソーリやイエナプランなどオルタナティブ教育の関係者ですら、現在こういう議論をする人はほとんどいません。「偏重」はいけませんが、だからといって、学力は軽視してよいものではないのです。

学習者を〈変革のエージェント〉に育てることを目指したＯＥＣＤの"The Future of Education and Skills: Education 2030"でも、そうした発達を助ける2つの要素として、「1つ目は、一人ひとりの学習者が、自分のパッションを育て、異なる学習経験と機会との関係を見出し、自らの学習プロジェクトと他者との共同におけるプロセスとをデザインすることを支援し動機づける、個別化された学習環境。２つ目は、確固とした基盤をつくること。すなわち、言語能力と数学能力はこれまでと変わることなく極めて重要なものである」と述べています。

コミュニケーション手段の育成としての言語教育

言語はコミュニケーションのための能力だ、と言えば、誰でも「そんなこと当たり前、何をいまさら」と思われるでしょう。しかし、学校での国語教育や英語教育は、真にコミュニケーションを目的としてなされているでしょうか。

たとえば、会話によるコミュニケーション、すなわち、話す力や聴く力はどのように育てられているでしょうか？　会話によるコミュニケーションを体系的に段階を踏んで学ぶ機会を、子どもたちに十分に与えているでしょうか。こうした力を評価する仕組みは十分でしょうか。

前述のように、オランダでは、言語の力をコミュニケーションの道具として育てるために、国語や英語の授業という限られた時間だけではなく、朝や夕方の対話の時間、クラス会や生徒会、探究プロジェクトでの情報収集（資料についてのメディアリテラシー、インタビューの仕方）、発表会や行事の際のスピーチなど、ありとあらゆる学校活動を、コミュニケーション能力の発達の機会と捉えています。

昔から国際的な通商国として有名なオランダはとくに、外国語教育に優れていることで知られています。以前は、オランダ語のほかに、フランス語、ドイツ語、英語を学校で教え、普通に話せるようにするのが当たり前でした。現在では英語が中心になっていますが、文法や日常会話に留まることなく、英語の本や論文を読むことはほかの教科の授業でもしばしば課題になりますし、総合学習で探究をする際には、英語の情報を集めることは、中学生以上であればほぼ不可欠です。

コミュニケーションの手段としての算数・数学
――社会についての空間的・時間的枠組み

算数や数学は、論理的な思考力を養うために、また技術の発展に寄与するためにもなくてはならないものですが、こうした力も、コミュニケーションの手段として見ることができます。算数・数学の力、また理科や社会の基礎知識、つまり約束事を知っておくことは、さまざまな協働や議論の際に、誤解のない、しかも論拠に基づいたコミュニケーションを行ううえで、重要な基礎なのです。たとえば、計算のための記号や理科の法則、歴史上の重要な出来事、地理上の国名や地形、土壌や気候の概要などは、学問の発達を促したり、社会問題を解決したりするための議論にとって、みなが共有しておくべき重要な前提です。

科学技術が高度に発達した先進国の学校は、やがて専門家として自然や社会での事象にかかわり、問題解決に取り組む人材を育てていかなければなりません。そのために、基礎知識・基礎学力を早い段階から着実に伸ばしておくことは大変重要です。

ただ、こうした基礎学力は、すべてが点数評価できる力ではないことにも注意する必要があります。

１９９０年代末に、オランダの高校では、「スタディハウス」への制度改革が行われました。この言葉には、学校とは、生徒が教師から受け身に教えられるのではなく、自分から進んで学ぶ場所、という意味が込められています。この改革の結果、それまで高校修了の時点で行われていた全国学力試験に加えて、各学校が審査・評価する学力の項目が決まりました。これは学校内試験と呼ばれるもので、この試験で合格点を取らなければ、大学への進学の要件となる全国学力試験を受けることはできません。

簡単に言うと、全国学力試験は、筆記試験で点数評価できる力を測るもので、学校内試験は、生徒の研究計画、面接での口頭発表、論文、研究発表、探究などを質的に評価するものです。つまり、単なる「知識」ではなく、その知識を実践的に用いる能力、仲間と情報交換（コミュニケーション）をしながら社会や科学の発展に貢献できる能力がそこで評価されているのです。

第3章

学校で「自由」をつくり合う

苫野一徳

リヒテルズ　最近私は「幸福」という言葉も気になっています。本来、幸福というのは、社会の中で「自分にはこういう強みや役割があるんだ」と感じながら生きていくことだと思うんです。人生には苦しいこともある。ほんとうに幸せになるためには、自分の強みを知って、「困難だって乗り越えられる」という自己効力感をもつことが必要です。対話でも、自分の力について何らかのアサーティブさ（揺るぎなさ）があって初めて、相手と対等に議論ができ、また、相手の意見を尊重できるようになるものです。

苫野　おっしゃる通りですね。

「子どもたちの幸せのために」というのは、ほとんどすべての教育者が口にする言葉だと思います。私も、とくに学校で幸せに過ごせていない子どもたちとたくさん付き合ってきたので、学校はもっと「幸せな子ども時代」を大事にするべきだと言ってきました。忍耐ばかり求めて、いまの幸せを犠牲にするのではなく。

でも同時に、じゃあそもそも「幸福」とはいったい何なのか、その本質をちゃんと言葉にできなければいけないですよね。「子どもの幸せのため」というのは、誰もが使う言葉でありながら、それっていったいどういうことなのかについては、十分なコンセンサスが得られていないかもしれません。

私自身は、これまで、幸福とは「満たされた自由の〝有り-難さ〟の味わい」であると言ってきました。自由の感度が満たされているということと、そこには必ず〝有り‐難さ〟の味わいがあるという点がポイントです。

第1章で述べた通り、人間はみんな「自由」に生きたいと願っています。あがいていると言ってもいいかもしれません。「幸福」は、この「自由」への欲望が満たされ、もっと、もっと、というあがきもいつの間にか溶け去って、ただただ満たされている、その〝有り‐難さ〟を味わっている状態のことをいう。そう考えています。

要するに、幸福の根源にはやはり「自由」への欲望があるんですね。自由なくして幸福なし、なわけです。ならばやっぱり問いは、「私たちはいかに自由たりうるか？」だというのが私の考えです。

この問いに対する根本的な視座は三つです。すなわち、自己承認、他者承認、他者からの承認。

「自己承認」というのは、さっきリヒテルズさんがおっしゃった自己効力感と近い概念ですね。要するに、「自分はＯＫ」という感度です。別に「俺はすごい」とかじゃなくていいんです。「自分はＯＫ」と思えていればいい。

「他者承認」とは、他者をちゃんと認めることができること。これも、リヒテルズさんがおっしゃった通り、自己効力感、自己承認感があって初めて十分に可能なことです。自己否定や自己不安に苛まれていると、いつもビクビクしたり不満をためてしまいますから、相手を認めるどころか、他者に対する警戒心や攻撃性などが生まれやすくなります。

最後に「他者からの承認」ですが、これは「存在承認」から「能力承認」まで幅のある概念です。とはいえ、別に「おまえはすごいやつだ」と能力が称賛されることが大事なわけではありません。もちろん、そうした意味での承認が得られたらそれに越したことはないかもしれませんが、むしろ重要なのは、「あなたの存在はそれ自体で尊重されるべきである」という承認です。もっと言えば、その社会的な合意です。私たちが「自由」に生きられるためには、その「自由」がちゃんと他者や社会から承認される必要があるわけです。

リヒテルズ 「他者からの承認」というのは理念としてみんなすんなり受け入れるんだけど、それ以前に自分自身の強みや弱みを自覚できている人が少ない。だから、他者のよさを受け入れて尊重することができない。自分の強みを知っている人は、他者をポジティブに評価できます。

苫野 ほんとうにそうですね。

リヒテルズ さらに深い問題は、日本では、先生が「よくできた」とか「あなたはここが優れている」と言ってくれて初めて子どもが安心する。つまり、良いか悪いかを決めるのは、権威ある目上の存在で、自分自身ではないという点です。

オランダで私が日本人への研修をお願いしている講師は、こんなことを言っていました。「日本人の学生は、講師である私がどう評価するかをいつも気にしている。『これでいいですか』と聞いてきて、私が『いいよ』と承認するのを待っているんだ。たぶん学生たちには、自分でしたこと、考えたことに『責任を負う』という気持ちがないのだと思う。だから私は、こうした学生が投げてきたボールを、こう言ってすぐに投げ返すことにしているんだ。『君はどうなんだい？　君は自分がしたことに満足しているの？』とね」。

私はこれを聞いて衝撃を受けました。誰かしら偉い人、上司、目上の人に「ＯＫ」と言われないと落ち着かない……。私たちは知らず知らずのうちに、自分で自分の考えやしたことを評価するという責任を、子どもたちに放棄させているのではないでしょうか。

オランダの講師は、「権威あるものに承認されるのを待っていたら、自分自身の価値観は育てられないぞ。批判的思考を通して自分自身を見直せ、君はその自由をもっているのになぜ使わないんだ。それが自由というものなんだぞ。自分を信じろ」と言っているわけです。そして、仮に教師のような権威者が自分と異なる考えをもっていたとしても、違っていることは問題ではないし、違った存在も受け入れる必要がある。同時に、自分の価値観を相手に伝えるために、論拠をもって対話することが求められます。主体性を育てるとは、こういうことなのではないでしょうか。

「自由」とは何かからの解放を意味するフワフワしたものではなく、自分らしく生きるために、さまざまな困難に出会っても自分なりの方法で乗り越えていける状態のことだと私は考えています。権威者の言葉に振り回されることなく、自分自身の自由と責任を守り力強く生きていくためには、自らを心の底から信じる必要があるということを、オランダの講師は伝えようとしているのだと思います。そして、それができた時に初めて、他者の存在に対して「寛容」でいられるのだ、と。

苫野 「よくできた」とか「あなたはここが優れている」とかいった言葉は、要するに「能力承認」の言葉ですよね。でも子どもたちは、まず「存在承認」の経験こそたっぷり積む必要があるはずなんです。「あなたはOK、そのままでOKだよ」という全面的な存在承認ですね。

これが不十分なまま「能力承認」の世界に放り出されると、私たちは不安で仕方なくなってしまいます。何かができなければ認められない。それはとても不安なことですよね。しかも学校では、「先生の言うことをちゃんと聞いて、できる」ことが多くの場合承認されるので、ますます厄介です。「自己承認」が十分育まれないまま、人の目や評価ばかり気にするようになってしまう。

逆に言うと、十分に自己承認が育ったなら、上司や偉い人がどうかは関係なく、自分の言葉を発することができるし、言動にも責任をもつだろうし、また他者に対しても寛容になれるんだろうと思います。

リヒテルズ　結局、自由意志が尊重されており、お互いに自分の強みや考え方を発揮できること、それに責任をもつ姿勢が育っていること、そういう条件があって初めて対話を通して一般意志を生み出すことができる。ハンナ・アーレントが言うように、何も言わずに黙っている、責任を権威者任せにする人が増えると、ただの大衆社会になってしまうのです。この、自由意志尊重の原則を社会意識としてみながもっていなければならない。公教育は、それを育てるためにあるはずですね。

苫野　まったくですね。

リヒテルズ　さっきの幸福の話にしても、大事なのは、それぞれの人が自由と責任をもって自分らしく生きていることを社会全体が認めているかなんですよね。私は特別支援を受けている子どものお母さんから相談を受けることが時々あるんですが、そうした子どもが学校で馬鹿にされたりいじめられたりするということは、その学校社会全体が、一人ひとりの子どもの幸福に関心がない、つまり、すべての子どもが心から幸福にはなれない、ということでしょう。自分の幸福のために自由であることを最大限に利用するのだけれど、同時に、他者の自由を妨げない責任を感じ、つねに同朋に歩み寄る用意がある、それが最大多数の最大幸福を生み出す条件ですよね。学校は、果たしてそういう場所になっているでしょうか？　現在の学校に、そういう文化が根づいているでしょうか？

苫野　胸が痛くなる問いかけですね。アメリカのネル・ノディングズという教育哲学者が言っているんですが、アメリカの学校には、貧困やドラッグ、10代の望まない妊娠など、子どもたちの人生にとってきわめて重大な問題がたくさんあるにもかかわらず、学校は子どもたちの学業成績にばかり関心を払っている。ほんとうは、「学校におけるケア」にこそ最も力を入れなければならないのに、と。私なりに言えば、学校はもっともっと子どもたちの「存在承認」を基盤にした場としてつくられなければならないということです。

日本も同じですよね。そしてこれは、広い観点から言えば、民主主義社会をより成熟させるために重要なことです。お互いの存在を認め合い、そのうえでこの社会を共につくり合う。そんな民主主義の一番の土台にならなければならないものこそ公教育です。

リヒテルズ　民主主義というのは、自らかかわり続けることが大切です。いまやっていることはほんとうに民主的か、すべての人の自由を同じように保障するものかということをつねに語り続けることで、一般意志と法を絶えずよりよいものへと変容させていく。そうやって、社会の出来事に自分ごととしてかかわり続ける人を育てることこそが公教育の目的であるはずなんです。学びにおける主体性が問われるのは、社会で起きていることを当事者として考えられる人間を育てることが公教育の課題だからではないでしょうか。

苫野　そのための方途を、これからの章ではより具体的に提言していくことにしましょう。

これからの公教育のベースとして教育関係者が共有すべきビジョンや価値とは、どのようなものでしょうか？

A.

公教育の根本目的は、他者の「自由」を承認し尊重することのできる「自由な市民」を育むこと。同時に、そのことによって民主主義社会を成熟させること。これに尽きます。

「自由な市民」を育む

他者の「自由」を認めることのできる、「自由な市民」を育むこと。これが公教育の最も重要な目的です。

教育基本法の第一条も、ちゃんとそのことを謳っています。すなわち、「教育は、人格の完成を目指し、平和で民主的な国家及び社会の形成者」を育成するものである、と。

ここでいう「人格の完成」とは、何も完全無欠の聖人君子になるということではありません。哲学的には、他者の「自由」を承認できる「自由な市民」を育む、ということ。それ以上でも、それ以下でもありません。

「人格」という言葉には、哲学の長い歴史がつまっています。たとえば18世紀の哲学者、イマヌエル・カントは、自由な意志と理性をもった人間存在を「人格」と呼びました[1]。そして、そのような「人格」を相互に尊重せよ、と。その意味で、「人格の完成」とは、自らの意志と理性によって他者の「人格」を尊重できるようになること、そして同時に、自らも「自由」な人間になれること、つまり「生きたいように生きられる」ようになること、と言えるでしょう。

崇高と言えば崇高に聞こえるかもしれませんが、要するに「自由な市民」を育むということです。手の届かない理想のように考える必要はまったくありません。

「平和で民主的な国家及び社会の形成者」も、ほとんど同じことです。この点については第1章でも論じました。「自分たちの社会は自分たちでつくる」を根本原則とするこの市民社会の担い手、すなわち「市民」を育む、ということですね。

というわけで、公教育の根本目的は、他者の「自由」を承認・尊重できる「自由な市民」を育むこと、そしてそのことを通して、「自由な社会」をより成熟させること、これに尽きるのです。

学校での学びは「各人の自由」と「自由な社会」のためになっているのか？

以上のように、教育の根本目的は他者の「自由」を認めることのできる「自由な市民」を育むことですから、それ以外のことは、手段、あるいは下位目標です。

たとえば、「学力を上げる」というのは、教育の根本目的というよりは、「自由な市民」になるためのいわば手段です。しかも、このように見定めて初めて、私たちは、そもそも「学力」とは何かを考え合っていくことができるようになるのです。つまり、「自由な市民」になるために、そして「自由な社会」をつくり合うために、学校で育まれるべき「学力」とは何か、と問い合うことができるようになるのです。

近代公教育の草創期においては、残念ながらそのような発想はほとんどありませんでした。第1章でも述べたように、コンドルセら「公教育の父」たちは、すべての人の「自由」と「自由な社会」の実現のために公教育制度を構想しましたが、実際に公教育が始まると、ヨーロッパでも日本でも、国によって濃淡はあれど、富国強兵と殖産興業、そしてナショナリズム涵養のための道具とされてしまったのです。むろん、列強同士が食うか食われるかの争いをしていた時代においては、それ以外の選択肢は考えようがなかったわけですが。

とくに日本では、富国強兵と殖産興業を目的としたカリキュラムを、子どもたちの〝競争〟を通して推し進める戦略がとられました。いまでも少なくない子どもたちが受験戦争に苦しんでいますが、明治期の試験制度は、いまとは比較にならないほど苛烈だったようです。

小学校でさえ、来る日も来る日も試験、試験、試験。卒業試験に至っては、朝から晩まで、数日間の試験が課されました。しかも試験には、監督だけでなく、多くの官員や保護者など、参観人さえ立ち合ったとのこと。試験を〝見せ物〟にすることで、人々の競争心を煽ったのだといわれています。口頭試問もありましたが、そこでは、たとえ正解を言えたとしても、言い淀んだりすると減点、あるいは0点にされるというめちゃくちゃさでした。落第者の中には、自殺する子さえいたと言います。

試験の特徴は、言うまでもなく暗記・暗誦。したがって教育法もまた、暗記一辺倒でした。教育史家の斉藤利彦は、こうした試験のあり方が、その後の日本の試験制度の原型になったのではないかと指摘しています。[2]ちなみに、ヨーロッパにおける試験制度の源流は、イエズス会修道士学校にあるといわれています。

以上のように、日本に限ったことではありませんが、近代公教育の制度やカリキュラムの根本には、子どもの「自由」や「自由な社会」の実現のため、などという理念は、当初はほとんどありませんでした。もちろん、ルソーや、その思想を実践に移したといわれるペスタロッチ、そしてデューイを中心とする20世紀の新教育運動の担い手たちの存在は、陰に陽に公教育制度に影響を与えてきました。しかし、富国強兵と殖産興業、そしてナショナリズム涵養のための公教育という思想の残滓を、私たちはいまもどこかしら引きずっているといっていいでしょう。

とくにカリキュラムには、この思想の名残がいくらかみられるように思います。子どもたちが学ぶべきとされている学習内容は、どこまで子どもたちの「自由」と「自由な社会」につながるものなのか。そのようなものとしてデザインされているのか。私たちはもう一度、抜本的に問い直す必要があるだろうと思います。

学校での学びは〝役に立っている〟のか？

ブライアン・カプランというアメリカの経済学者の、大変ショッキングな研究があります。彼によれば、私たちが学校で学んでいることの多くは、実質上、ほとんど役に立っていないというのです。[3]

経済学は、教育を主に二つの観点から分析します。一つは「人的資本論」、もう一つは「シグナリング理論」と呼ばれます。

人的資本論は、教育は一人ひとりの人生や社会にとって意味のある、役に立つスキルを学ばせるものと捉える考え方です。ごく一般的な教育の見方と言っていいでしょう。

他方のシグナリング理論は、教育は別に役に立つことを教えているわけではなく、そこで得た成績や資格を雇用主にアピールするためのものであるとする考え方です。企業にとって、自社の求める人材を見つけ出すのは非常にコストのかかることです。そこで教育が、学生たちが長年かけて積み上げてきたある種の信用を、企業に対して保証しているというのです。

この観点からすれば、極端な話、学生たちが何を学んだかはあまり重要でないとさえ言えます。重要なのは、学校で一定程度の成功を収めたその〝知力〟と〝まじめさ〟、また、さぼらずに学校（や社会）の期待に応えた〝協調性〟のシグナルだというのです。

むろん、人的資本論とシグナリング理論は、どちらかが正しいというものではなく、支え合う関係にあります。しかし右の研究によれば、今日のアメリカの教育は、その約80%をシグナリングで説明できるのではないかということです。つまり学校の機能の大半は、人生や社会に〝役に立つ〟学びを提供することにではなく、私たちに〝シグナル〟を与えることにあるというのです（日本には私の知る限り同様の研究はないようですが、結果はさほど変わらないのではないかと思います）。

実際、私たちは学校で学んだことの大半を忘れ去っています。たとえ覚えていたとしても、そのほとんどは実生活において役に立っていないというのは、多くの人の実感ではないでしょうか。

この実感は、まったく正しいものである。カプランは、多くの研究を引きながらそう主張しています。

たとえば、さまざまな調査によって、歴史と公民に関するアメリカ人の重度の無知が明らかになっています。アメリカのアイデンティティでもあるはずの独立革命が18世紀に起こったことを知っているアメリカ人は、55％にすぎません。三権分立とは何かという問いに答えられるアメリカ人も、わずか50％しかいないそうです。

科学的知識については、さらに絶望的だとカプランは言います。

> 地球が太陽の周りを回っていることを知っているアメリカの成人は半数そこそこしかいない。原子が電子より大きいことを知っているのはわずか32％だ。抗生物質ではウイルスは死なないことを知っているのは14％だけ。進化の知識がある人はゼロをわずかに上回るほどしかいない。ビッグバンを知っている人は実質ゼロを下回る。コイントスで回答した方が正答率が高いくらいだ。(4)

「ビッグバンを知っている人は実質ゼロを下回る」とは衝撃的ですが、ともあれカプランはこう結論づけます。「質問の易しさを考えれば（中略）アメリカ人の科学の知識はほぼ皆無だと結論づけるべきである」[5]と。

いや、でもせめて、と私たちは思いたくなるはずです。それでも私たちは、学校での学びを通して、「学び方」を知ったり、論理的思考力を身につけたりしたのではないか、と。

しかし、そうしたいわゆる「学習転移」も、教育心理学の長い研究の歴史においては否定されています。学校での勉強のほとんどは、あくまでもその学習内容を学んでいるにすぎない——つまりそのことを通して別の技能が育成されるわけではない——のです。たとえば数学を長年勉強したからといって、日常生活や仕事において論理的な思考が必ずしもできるようになるわけではありません[6]。そして繰り返しますが、学校で学んだことの大半を、私たちは結局忘れてしまうのです。

ならば私たちは、いったいなぜ、人生の役にも立たなければ、生涯使うこともないような事柄の勉強に、何千時間も費やすのでしょうか？

それこそまさに、「シグナル」を手に入れるためである、とカプランは言います。現代の学校教育は、ほんとうに有意義な学びをほとんど提供できておらず、結局のところ、何年もかけて、経済社会に向けたシグナルを子どもたちに付与しているにすぎないのだと。

ではどうすればよいのか？　カプランの提案は驚くべきものです。

教育には結局のところ大して意味がないのだから、政府の助成金を削減するべきである。そうすれば、多くの人が大学に行けなくなるから、逆説的に、学歴というシグナルを求めて意味のない勉強をしなくてよくなるだろう。そして、多くの人が一律に学歴を失えば、いまのような過当競争に苦しまなくなるだろう。

もっとも、カプラン自身、このアイデアの非現実性は十分に認識しています。政治家たちには、そんな思い切ったことができるはずがないだろうからと。

しかしそれ以上に、このアイデアは、教育格差をおそらく致命的なほどに広げてしまうことが最大の問題ではないかと私は思います。経済的に恵まれた家庭の子どもは、というよりも、そうした子どもたちのみが、ますます希少になった高学歴のシグナルを手に入れることになるだろうからです。

学校での学びを、ほんとうに意義あるものに

私自身は、もっと現実的な、そしてチャレンジする価値のあるアイデアを出したいと思います。

いま、私たちが学校で学んでいることの多くが結局のところあまり役に立っていないのだと

するならば、シンプルに、それをもっともっと意味のあるものに変えていけばいい。学校を、テストが終わればすぐに忘れてしまうような勉強の場ではなく、一人ひとりの「自由」と「自由な社会」の実現のために、ほんとうに意味のある、役に立つ学びの場にしていけばいいのです。

この点において、カプランの主張にはある問題があるように思います。彼は種々の研究から、一貫して、教育が人間の知能に与える効果はほぼないらしいと結論づけているのです。

しかしそれはほんとうでしょうか？

たとえば、人々のＩＱは世界的にもこの１００年で驚異的な上昇を見せていますが——発見者の名前からフリン効果と呼ばれます——その最大の理由は、栄養状態の向上に加えて、やはり学校教育の普及にあると考えられています。[7] とくに、物事を抽象化したり、論理的に考えたりする能力の向上が著しいことがわかっていますが、これは学校がなかった時代にはほとんどの人が十分に習得する機会のないものでした。

カプラン自身は、ＩＱテストは練習次第でなんとでもなるものだと言うのですが、フリン効果のすべてが練習の成果であると主張するのは、いささか無理があるのではないかと思います。むしろ私たちは、学校がすぐに忘れてしまうような機械的な学習ではなく、人と対話し、議論し、自分の頭で考える機会を十分に保障するならば、知能にとって大きな意義をもつと考えるべきではないでしょうか。

この点は、今後十分な実証が求められるところです。しかしいずれにせよ、もしも学校が、そんな自らの問題意識にドライブされた「探究」の場となり、豊かな対話と協働の場にもっとなることができたなら、それはほんとうに意味のある学びの場と言えるのではないか。私はそう思います。

カプランの功績は、私たちが薄々感じていた、「学校での勉強って、実生活にあんまり役に立っていないんじゃないの？」という疑問に、「そう、実際、あんまり役に立っていないんだよ」と説得的に答えた点にあります。

ならば何を考えるべきかは明らかです。

どうすれば、学校での学びをほんとうに意義のあるものにすることができるか？

このことをこそ、私たちは本気で考え直す必要があるはずなのです。

少なくとも今後数十年は、教育における「シグナリング」の機能が一切なくなるということはないでしょう。しかし右のように「探究」を学校での学びの中核にしたならば、少なくともその「シグナル」は、もう少し中身のあるものになるかもしれません。高校、大学等の選抜や、就職試験のあり方なども、それに合わせて変えていくことができるでしょう。

私自身は、芸術大学と体育大学の求める学生像が異なるように、本来、各高校も高等教育機関も、また企業も、求める人材が異なるのだから、選抜方法は「序列化の伴わない多様化」へ向かわせていく必要があるとこれまで繰り返し論じてきました。その具体的なデザインは、私自身の今後の課題でもあります。

いずれにせよ、学校での学びを、ほんとうの意味で、一人ひとりの「自由」と「自由な社会」の実現に寄与するものたらしめる必要がある、という考えについては、ほとんどの人が異論ないものと思います。

ならば、そのような学びの場に向けて、学校システムを根本からつくり直していこう。私はそう、繰り返し訴えたいと思います。

ただし大急ぎで言っておかなければなりませんが、私は、学校で学ばれている事柄そのものに意味がないと言いたいわけではまったくありません。むしろ、これらはすべて人類の偉大な知の遺産です。かつてデューイも強調したように、私たちは、この長きにわたって蓄積されてきた人類の遺産を軽んじることがあってはなりません。

重要なのは、これら人類の知の遺産を、いずれは忘れてしまうものとして学ばせるのではなく、子どもたちがほんとうに必要な時に、力強く学び取れるものとしてカリキュラム化することなのです。そしてその学び取る力を育むことにこそ、焦点化することなのです。

それはどうすれば可能なのか？

子どもたちが、「自分（たち）なりの問いを立て、自分（たち）なりの仕方で、他者との協働を通して、自分（たち）なりの答えに辿り着く」。そんな「探究」を、カリキュラムの中核にすることによって。

これが、リヒテルズさんや私が、これまで繰り返し主張してきたことです。このことについては、また後述することにしたいと思います。

学校で扱う内容のうち、とくに重要なことは何でしょうか?

A.

まずは、民主主義の本質。それから、自分の関心事を存分に「探究」することです。

民主主義の本質を説明できるか？

何と言っても、民主主義の本質についての理解は、やはり学校教育における最優先事項と言えるでしょう。

繰り返し言ってきたように、民主主義の本質は、お互いを対等な存在として認め合い、共に「一般意志」を見出し合うところにあります。このことの理解と、それを実現するための力を育むことが、学校が一番大事にしなければならないことです。

その意味で、すべての教師、すべての教育関係者は、民主主義とは何か、ちゃんと説明することができますか、と問いたい。教員養成の現場では、そのことを何よりも重要なこととして教えていますか、と問いたいと思います。

さらに言えば、この民主主義の理解や精神は、子どもの頃からたっぷりと経験を通して学ばれる必要があります。第2章でリヒテルズさんが伝えてくださったような学びです。自分たちの意志を持ち寄り、対話を通して、クラスや学校をつくり合う。相互尊重と、「一般意志」を見出し合う経験を積むわけです。こうした経験がベースにあれば、小学校高学年や中学生になって改めて民主主義の本質を学ぶ際に、いっそうの実感をもって理解することができるようにもなるはずです。

資格化・社会化・主体化

二〇一五年に、リヒテルズさんにご案内いただき、熊本大学の私のゼミの学生たちと一緒に、オランダの学校、とくにイエナプラン教育の視察に行きました。その時、やはりリヒテルズさんのコーディネートで、教育哲学者のガート・ビースタさんにもお会いしました。いま、日本の教育哲学界でも大変注目されている学者です。

ビースタは、教育の三つの機能を区別して考えようと提言しています。一つは資格化（qualification）、二つ目は社会化（socialisation）、そして三つ目は主体化（subjectification）です(8)。

資格化とは、文字通り、学校教育を通して子どもに「資格」を与える機能です。検定試験や卒業資格がその典型です。シグナリング理論が言うところの「シグナル」と、ほぼ同義と言えるでしょう。

社会化は、これまた文字通り、子どもたちをある特定の社会の一員にしていく機能です。「日本人ならこのように振る舞いなさい」といった具合です。

資格化も社会化も、どちらも学校が「社会の要請」に従うものです。しかしビースタは、それに加えて、教育は「主体化」の機能を果たさなければならないと言います。それは、単に社会の要請に従うだけでなく、子どもたちが自分で考え行動できる、自律した主体になるための教育です。[9] 私なりに言えば「自由」になるための教育です。

しかし今日の学校は、依然として、社会の要請に過度に従属してしまっているとビースタは批判します。たとえば、日本も含め欧米諸国では「21世紀型スキル」などの必要性が指摘されるようになって久しいですが、これも基本的にはグローバル経済社会からの要請に応えるものであると言います。

21世紀型スキルとは、問題解決能力やコミュニケーション力、コラボレーション力、情報リテラシーなどの、いわゆる「ソフトスキル」とされています。一見、真っ当に聞こえるこれらの力も、その背後には、子どもたちをグローバル経済への奉仕者として育て上げる目的があるとビースタは言うのです。

たしかに、そのような側面はあるでしょう。しかし、全部が全部そうだと言い切るには、少々慎重である必要があるのではないかと私は思います。OECDが2019年に出した「ラーニング・コンパス2030」は、これからの教育が育むべきコンピテンシーをさまざまに示していますが、その最終目標は「ウェルビーイング」にあるとしています。グローバル経済への奉仕者になる、ということではなく、一人ひとりのよりよい人生や、よりよい社会を築くためにこそ教育はあるのだということを、OECDは改めて明記したのです。

OECDは、まさに国際経済のど真ん中に存在する機関です。そのため、PISAにせよ、DeSeCoプロジェクトが示したキーコンピテンシーにせよ、結局はグローバル経済に貢献する人材をつくるための教育ではないかと批判される向きがありました。今回の「ラーニング・コンパス２０３０」は、そうした批判やそれへの反省も踏まえた提言ともいわれています。その意味で、近年のコンピテンシーや資質・能力等といわれるものを、全部が全部「資格化」の文脈で批判的に語る必要はないのではないかと思います。

とはいえ、こうしたコンピテンシーをめぐる議論は、すぐに、テストして測定する、といった「資格化」の話に堕してしまう傾向があります。だから私たちは繰り返し、コンピテンシーとは、むしろ「主体化」、つまり、子どもたちの「自由」のために必要なものなのだということを、訴え続けなければならないだろうと思います。

ちなみに私も、経済産業省「産業構造審議会」の「教育イノベーション小委員会」委員を務めましたが、経産省の審議会であるにもかかわらず、そこでの議論には、子どもたちをグローバル経済への奉仕者として育て上げるなどといった発想はほとんどありませんでした。むしろ、民主的な市民を育むという最上位の目的は、毎回の議論においてつねに確認されていたことです。

もっとも、それはそのような本質的な考えをもった委員が多く集っていたから、ということが大きいのだろうとは思います。状況が変われば、途端に、やれグローバル人材の育成だとか、民間教育産業のビジネスチャンスを、とかいったことが最上位の目的として掲げられてしまう危険性はあるかもしれません。また、審議会では本質的な議論がなされたとしても、政策化される過程で、その部分が忘れられてしまう可能性もあるでしょう。

そんな時こそ、大事なのが哲学である。そう、改めて言いたいと思います。公教育は何のためにあるのか。その根本目的は、他者の「自由」を認め尊重することのできる、「自由な市民」を育てることにある。このことを、私たち哲学者は絶えず訴えていかなければならないし、教育政策が本質を外したものにならないよう、時に歯止めをかける必要があると考えています。

ともあれ、学校では何がどのように学ばれるべきかという問いに対して、私は、その筆頭は民主主義の本質であること、そしてそれは、子どもたち自身が民主主義の実践を積むことで学ばれるべきものであることを、改めて主張したいと思います。

探究をカリキュラムの中核に

もう一点、教育の本質から見たカリキュラムについて、提言をしたいと思います。

先述したように、経済学者のカプランは、学校での学びが私たちの人生に実質的にはほとんど役に立っていないことを明らかにしました。

では学校がどのような学びの場であれば、一人ひとりの「自由」と「自由な社会」を実質化することができるのでしょうか？

「自分（たち）なりの問いを立て、自分（たち）なりの仕方で、他者との協働を通して、自分

（たち）なりの答えに辿り着く」、そんな「探究」を中心とした学びの場にすることによって。

先述したように、これが最も重要な方向性であると私は考えています。

「自由」を実現するためには、「自分はどう生きていくことが幸せなんだろう」ということも含め、さまざまなことを「探究」する経験が必要なのです。学校は、そのような「探究する力」を育むことにこそ、最も力を注ぐべきなのです。

したがって、言われたことを言われた通りに勉強させることを中心とした学びのあり方は、今後、ゆるやかに、と同時に抜本的に転換される必要があります。

もちろん、この世には、社会にとっても個々人にとっても、学んだほうがよいこと、学ぶべきことはあります。でも、言われたことをただ言われた通りに学ばせ続けることは、大げさに言えば、子どもたちが自分の頭で考えないよう訓練しているようなものです。また、結局はそのほとんどが忘れられてしまうのであれば（むろん、その実情は校種によって異なるでしょうが）、そんな学習にはあまり意味がありません。

だから、「探究」をカリキュラムの中核にする。個人やチームでの「プロジェクト」の経験をたっぷり積むことで、子どもたちは、学びの意義を実感しつつ、必要に応じて必要なことを学び取る力も身につけ、そうやって、自分の人生を自分で切り開いていける「探究する力」を育んでいくのです。

先述したように、「探究型の学び」については、リヒテルズさんとの前著『公教育をイチから考えよう』や、それぞれの著書でこれまで繰り返し論じてきました。具体的な方法も含め、その詳細についてはそれらに譲り、本書では、改めてカリキュラムの中核を「探究」にすることを提言するにとどめたいと思います。

学校でとくに学ぶべき重要な事柄について、2点、改めて確認しておきましょう。

まずは何より、「一般意志」を見出し合う経験をふんだんに積むことを通して、民主主義の本質を理解すること。そして、「探究」を中核としたカリキュラムを通して、「探究する力」を育むこと。

言うまでもなく、両者は密接に重なり合うものです。「一般意志」を見出し合うことは、それ自体が「探究」的な営みです。また、十分な「探究」が保障されていることは、民主主義の土台としての学校にとって生命線であるとさえ言えます。

かつてデューイは、学校には「自由な探究」と「自由なコミュニケーション」が不可欠であると言いました。なぜならこれこそ、民主主義社会の条件であるからだ、と。何をどのように学ぶかをすべて決めてしまうような学校は、専制社会の教育と言うべきである、と。

学校における「探究」には、それが子どもたちの真に意義ある学びを保障するだけでなく、民主主義社会をいっそう成熟させるという意義もあるのです。

「自由」をつくり合う取り組みは、たとえばどのように行っていくことができるでしょうか?

A.

「対話を通した合意形成」の経験をふんだんに積む。やはりこれに尽きます。

自分たちの学校は、自分たちでつくる

私たちの多くは、社会も学校も「上からあてがわれるもの」という意識を抱きすぎているところがあるかもしれません。でもそのような理解は大きな誤りです。

市民社会は、「自分たちの社会は自分たちでつくる」を原則とした社会です。一部の為政者の意志によってつくられる社会ではありません。したがって、そのような市民社会の「市民」を育む学校もまた、「自分たちの学校は自分たちでつくる」ということが原則でなければなりません。私たち一人ひとりが、社会や学校づくりの当事者なのです。

ですから、右の問いには、「対話を通した合意形成」の機会を学校にふんだんに整えることによって、とお答えしたいと思います。これまで言ってきた通り、「一般意志」を見出し合う経験を積むことです。

日本には、教科の学習は言うまでもなく、学活でも、学校行事においても、この機会が十分にない学校が残念ながら少なくありません。単なる「話し合い活動」のことを言っているのではありません。「対話を通した合意形成」の機会のことです。

たとえば、お楽しみ会で何をするか。運動会、文化祭などの行事をどうするか。さらに言えば、授業をどんなふうに教師と子どもたちでつくっていくか。そこに、子どもたち同士や先生

との「対話を通した合意形成」の機会がどれだけ十分に整えられているでしょうか。

行事の内容もその進め方も、ほとんどがあらかじめ決められている場合は少なくないでしょう。子どもたちが何かを決めるにしても、安易に多数決がとられてしまう場合もあるでしょう。

実は、多数決は民主主義の本質ではまったくありません。むしろ、安易な多数決は民主主義を損なうものでさえあります。というのも、多数決は少数者の排除、すなわち「多数者の専制」に陥ってしまう危険があるものだからです。

民主主義の最も重要な本質は、「一般意志」にのみ正当性がある、ということです。一般意志は、「みんなの意志を持ち寄って見出し合った、みんなの利益になる合意」です。これは多数決によってすぐさま決められるものではなく、対話を通して合意に達するまで練り上げていくべきものです。そうでなければ、「みんなの利益になる合意」とは言えないでしょう。

ルソーも言っているように、多数決を用いてよいのは、「これこれこのような場合は多数決で決定する」ということを、あらかじめみんなが「合意」している場合のみです。国会の議決や選挙で多数決が用いられているのは、そのことがあらかじめ「合意」されている――少なくともそう想定されている――からなのです。

先ほど、民主主義の本質を経験から学んでいくことが、学校で学ぶべき最も優先度の高いことである、と言いました。ではその経験とは何かと言えば、まさにこのような、粘り強い「対話を通した合意」（一般意志）を見出し合うことにほかなりません。このような経験こそが、お互いを尊重し、一般意志を見出し合うという、民主主義の本質を体現するものなのです。

以下では、現在日本で行われている「対話を通した合意形成」の教育実践について、私の経験をもとにいくつかご紹介したいと思います。次章では、リヒテルズさんがさらに海外の事例も多数紹介してくださいます。

ルールメイキング

2018年度から続いている、経済産業省の「未来の教室」実証事業の中に、認定NPO法人カタリバが行っている「みんなのルールメイキング」というプロジェクトがあります。学校の校則やルールの見直しを、生徒や先生が対話的に進めていくことを通して、みんなで学校をつくり合う文化や仕組みを広げていくプロジェクトです。私も、アドバイザーとして、また、このプロジェクトに参加した多くの生徒や先生や有識者（サポーター）らと一緒につくった「ルールメイキング宣言」の監修者として活動してきました[10]。

この数年で、人権侵害さえ疑われるような校則や、細かすぎるルールで子どもたちの自主性を奪う問題などがメディアでも取り上げられ、その見直しが、ようやく少しずつ進むようになりました。

ルールメイキングプロジェクトは、そうした理不尽な校則問題に取り組むプロジェクト、という面ももちろんあります。でももっと本質的には、「自分たちの学校は自分たちでつくる」ことを通して、この民主主義社会をより成熟させていくことが最大の目的です。このプロジェクトの中で、「対話を通した合意形成」の経験を積み、その力を培った、頼もしい若者たちとたくさん出会ってきました。

このプロジェクトで大事にしてきたことの一つは、生徒vs先生の構図をつくるのではなく、生徒も先生も、同じコミュニティの仲間として尊重し合い、共に学校をつくり合うということでした。生徒にとって、より意義ある学び場をつくるのはもちろん、先生にとっても、より生き生きと働ける場をつくる。そんな学校を、当事者みんなでつくることを大事にしてきました。

そして最も重要なことは、繰り返しになりますが、ルールメイキングの目的が、単なる校則見直し運動ではなく、「民主主義社会の土台」をつくることにあるという点を共有することです。

そこで「ルールメイキング宣言」では、次の三つを前提としたい原則として提示しました。

【校則・ルールの制定や見直しを進めるうえで前提にしたい三つの原則】

①一人ひとりの尊厳を大切に（個人の尊重）：憲法が定める「個人の尊重」は、ルールメイキングにおける大原則です。一人ひとりの尊厳（権利）を尊重するためにこそ、私たちは校則・ルールを見直し続けます。

②「そもそも何のための学校か」を最上位に（最上位目的との整合性）：校則・ルールは、教育基本法が定める教育の最上位目的と論理的に整合性があるべきものです。手段としての校則・ルールが、その最上位目的の実現に向けて本当に有効・妥当なのか、なぜそう言えるのか、私たちは常に問い続けます。

③学校は校則を公開し、その制定・改廃への生徒の参画を保障する（公開原則と意見表明権の保障）：学校は、公の性質を有することから、校則を公開するとともに、その制定・改廃に関して「児童の権利に関する条約」が定める生徒の「意見表明権」を保障する社会的責任を持ちます。関係者が校則・ルールについて十分に知り、また生徒が安心して自己の意見を表明できる機会を、私たちはつくり続けます。

お読みいただければわかる通り、①は日本国憲法、②は教育基本法、③は子どもの権利条約を柱としています。

実は校則には法的根拠がありません。ということは、子どもたちは別に校則を守る法的義務はないということです。

ところがこれまでの校則をめぐる裁判では、学校の広範な裁量が認められ、たとえば髪の染色を禁じた校則や、また黒染め指導でさえ適法であるとの判決がなされてきました。校則に法的根拠がないからこそ、学校の裁量の名のもとに、人権侵害さえ見逃してしまう事態に陥っているところと言えるでしょう。

欧米では、多くの場合、校則は法体系の中に位置づけられています[11]。ということはつまり、最高法規としての憲法に違反してはならないということです。日本も、原理原則から言えば、校則を同じような扱いにしなければならないと思います。

日本国憲法の場合、その最も重要な条文は、第13条の「すべて国民は、個人として尊重される」です。「ルールメイキング宣言」の第一原則にあるように、この「個人の尊重」に反した校則はあってはならないのです。

同様に、第二原則に示したように、教育基本法における「教育の目的」――「平和で民主的な国家及び社会の形成者」の育成――に反した校則があってはならないし、第三原則に示したように、子どもの権利条約に反した校則があってはなりません。

国際条約は、法体系の中では憲法に次ぐ重さがあります。日本は、国連子どもの権利委員会から、子どもの「意見表明権」などが尊重されていないとして審査のたびに勧告を受けていますが、これは重大な問題と言うべきです。

憲法や教育基本法、そして子どもの権利条約の遵守。学校は、この当たり前のことをちゃんと共有しよう。そしてそのうえで、ルールメイキング、つまり「自分たちの学校は自分たちでつくる」を実現していこう。そう、全国の学校や自治体に呼びかけているところです。経済産業省のホームページにある「ＳＴＥＡＭライブラリー」には、各学校でのルールメイキングをサポートするための動画も掲載していますので、ぜひ多くの方にご覧いただければと思います。

大人の責任

以上のような、「自分たちの学校は自分たちでつくる」ができるための環境を整えるのは、やはり大人の責任です。どれだけ自分たちで学校をよりよい場にするための方策を考えても、結局最後には教師によってつぶされてしまうようでは、何の意味もありません。

そのため、私も教育委員を拝命している熊本市の教育委員会では、２０２１年に学校管理規則を改定し、以下の三つを定めました。

（1）校則は必要かつ合理的な範囲内であること
（2）校則の制定や改廃に教職員、児童生徒、保護者が参画すること
（3）校則を公表すること

（1）については、とくに以下の3点に該当する校則は必ず改定することと定めています。

①「地毛証明」の提出など、生まれ持った性質に対して許可を必要とする規定
②男女別の、選択の余地のない制服など、性の多様性を尊重できていない規定
③服装の選択に柔軟性がないなど、健康上の問題を生じさせる恐れのある規定

熊本市が、学校管理規則という、法的根拠をもった形でこのようなことを定めたことの意義は大きいのではないかと思います。

こうした流れを受けて、２０２２年には、文科省も「生徒指導提要」を12年ぶりに改訂しました。その中で、校則については以下の三つのポイントがついに明記されました。

（1）学校内外の人が評価できるよう学校のホームページに公開
（2）意義を説明できないものは絶えず見直し
（3）見直しにあたり児童会・生徒会・保護者会で議論

むろん、これはあくまでも前提であり大枠です。とりわけ、児童生徒がどのように安心して、また建設的に学校づくりにかかわっていけるかは、各学校次第です。対話の場が設けられても、安易な多数決にすぐに流れてしまうようでは意味がありません。

子どもたちに校則の見直しを任せると、ますますルールが厳しく、細かくなるという事例も、

これまで多数見聞きしてきました。これもまた、大人の責任と言わなければなりません。ルールとは、みんなの自由を保障するために、みんなでつくり合うものです。したがって本来であれば、そのことをまずはしっかり子どもたちと共有しなければなりません。それをせずに、子どもたちにいきなり任せてしまうと、「ルールは自分たちを縛るもの」というイメージをもっている子どもたちは、問題になりそうなものはどんどん禁止するという発想になってしまいやすいのです。

こうした問題を防ぐためにも、先述した「ルールメイキング宣言」はきっと役に立つのではないかと思います。

ちなみに、この宣言をまとめるにあたっては、関係者間で侃侃諤諤の議論が重ねられました。対立もありました。でも、最終的には、参加者みんなが納得できるものをつくり上げることができました。この宣言づくりのプロセス自体が、まさに「対話を通した合意形成」の営みそのものだったと思います。

「ルールメイキング宣言」には、先の「前提にしたい三つの原則」に加えて、「校則・ルールの制定や見直しを進めるうえで大切にしたい9カ条」というものがあります。相互尊重のもとに、みんなで安心して学校づくりを進めていくために意識しておきたい視点です。以下に記しておきますので、ルールメイキング活動を行いたい先生や生徒のみなさんには、ぜひ参考にしていただければ幸いです（ウェブから冊子をダウンロードすることもできます）。

【校則・ルールの制定や見直しを進めるうえで大切にしたい９カ条】

①一人ひとりが安心して居られ、声に耳を傾け合える環境づくり（心理的安全性）：まずは、誰もが安心して居られる、自由に声を発せられる――そのような環境や関係性をつくっていくことが大切です。一人ひとりの声が尊重される土壌があってこそ、人は安心して、感じたことや思ったことを言えます。

②疑問をもった「私」からはじめる（発議の権利）：「何か変だな……」「ちょっと違和感があるな……」と、校則・ルールについて疑問をもった「私」から、ルールメイキングは始まります。生徒・先生・保護者問わず、関係する人であれば、誰もが声をあげる権利があります。まずは、身近にいる人に勇気をもって話してみましょう。

③「なぜ、この校則・ルールが存在するのか」を確認する（制定の根拠・背景の確認）：どんな校則・ルールにもそれが生まれてきた経緯があるものです。「なぜ、この校則・ルールが存在するのか」に目を向けてみることで、それらがつくられた背景や根拠を知ることができます。まずは、確かめてみましょう。

④固定観念にとらわれない（前提の再考）：校則・ルールの見直しを進めていくと、さまざまな固定観念があったことに気づかされます。「中高生らしさ」「○○学校らしさ」なども その一つです。固定観念にとらわれず、前提を問い直し続けることが大切です。

⑤目的にかなう手段（校則・ルール）を論理的に提案する（目的合理性）：校則・ルールは、何らかの「目的」を実現するための「手段」です。その「目的」がそもそも妥当であるのか、また「目的」に照らして「手段」が妥当といえるのか、十分に吟味を重ね、提案をつくる必要があります。

⑥論点を明確にして、対話でみんなの納得解をつくる（対話的なルールづくり）：先生の中にも、生徒の中にも、さまざまな意見があります。考えや価値観がぶつかる時には、対立する論点を明確に整理することが重要です。対話の中で、異なる意見の背景を深く理解し合い、よりよい納得解を見つけていきましょう。

⑦関係者が取り組みを見えるようにする（プロセスの可視化）：校則・ルールは、当事者抜きでつくることや、一部の人だけで勝手に決めることがあってはなりません。「今ここにいない人たち」のことも考えながら、取り組みの様子をどう発信していったらよいの

かを考えていきましょう。

⑧できた校則は公開する（情報の公開）：できた校則は、学校外にも公開することが必要です。学校の校則を社会に開いていくことで、見直しに向けた対話の機会にもつながります。また、こうした情報公開は、これからその学校に通いたい人にとっても大切です。

⑨一度つくった校則・ルールを見直し続ける（継続性と改定手続きの制度化）：よりよいルールは、その時々の当事者や関係者が、しっかり納得できるものである必要があります。一度つくればよいものではなく、常に見直し続けることが大切です。また、校則・ルール改定の手続きを明文化し、制度化していく必要があります。

保護者や地域住民が学校に参画することは、どうして大切なのでしょうか？

A.

学校こそがこの民主主義、市民社会の土台であるから、です。学校は、上からあてがわれるものではなく、市民一人ひとりの手でつくり合っていくもの。そうであるなら、保護者や地域住民が学校に参画するのは当然のことです。

「任せてブーたれる社会」から「引き受けて考える社会」へ

『学校と社会』という著作の中で、デューイは、学校は「小型の共同社会、胎芽的な社会」[12]であるという有名な言葉を残しています。それはつまり、学校は社会と切り離された場所であってはならず、またこの社会の根幹である民主主義を学ぶ場であるということです。

そのためには、実社会や地域コミュニティとのつながりが不可欠です。

ただ日本では、残念ながらそのような意識はまだまだ希薄です。思想家の内田樹さんがよく言われるように、とくに90年代以降、学校教育は、さまざまな知識や技能や資格等、〝消費者〟のニーズを効率よく満たす教育サービスであるべきだとの認識が広がりました。別言すれば、もしそれが〝消費者〟にとって気に食わないものであったなら、（一方的に）文句を言ってかまわないという意識が広がっていったのです。

そのような消費者マインドには、学校は市民社会の土台であり、市民自身の手でつくり合うものだという発想が明らかに欠落しています。学校教育に対する、大きな認識の誤りと言うべきです。

他方で、文科省は、全国のすべての公立学校が「コミュニティ・スクール」になることを目指しています。地域の声を反映しながら学校づくりを進める、「地域とともにある学校」です。

コミュニティ・スクールに指定された学校では、保護者や地域住民、また校長や教育委員会職員などからなる「学校運営協議会」が、学校運営に積極的にかかわっています。校長の学校運営方針を承認したり、意見したり、教職員の任用について教育委員会に意見を提出したりすることができます。

でもその普及率は、年々増加しているとはいえ、まだ４２・９％（２０２２年度）です。「学校運営協議会」が、保護者や地域住民の声を十分に反映した民主的な場になっているかどうかも、検討されなければならないでしょう。

保護者の学校参加と言えば、やはりＰＴＡ活動が思い起こされます。でもこれもさまざまな問題を抱えています。

ＰＴＡは、もともと、ＧＨＱが日本の大人に民主主義を学ばせるために、当時の文部省を通してつくらせたものでした。最近は知っている保護者も増えてきましたが、本来、加入は強制ではなく、あくまでも任意です。

ところが、多くのＰＴＡでは、いまもなかば強制的な加入、強制的な活動への参加が続いています。そして、前例踏襲の「やらされ仕事」が割り振られています。これでは、保護者はやらされ仕事を嫌々こなすだけで、「自分たちの学校は自分たちでつくる」という市民意識が育つはずがありません。あてがわれた民主主義、あてがわれた制度の、一つの象徴的な問題と言えるかもしれません。

負担がほとんど女性に集中しているのも問題です。にもかかわらず、会長は多くの地域で男性ばかり。ジェンダーバランスが異様に偏っている問題も指摘されています。[13]

どれだけ学校にかかわりたくても、仕事が忙しすぎるなどの理由で、かかわることが難しい保護者や地域住民も大勢いるでしょう。「自分たちの学校は自分たちでつくる」や、「自分たちのコミュニティは自分たちでつくる」というマインドがなかなか醸成されない、日本社会の構造的な問題と言えるかと思います。

社会学者の宮台真司さんは、日本社会は「任せてブーたれる社会」であると言われています。学校にしても、PTA活動にしても、あるいは政治にしても、自分はできるだけかかわりたくない。誰かにやってもらいたい。でも、やってくれている人には文句を言う。そんな社会だと。言い得て妙だと思います。私たちの多くは、「市民」としての当事者性を、残念ながら著しく欠いているのです。

そんな「任せてブーたれる社会」から、「引き受けて考える社会」にしていこう。そう宮台さんは言われていますが、保護者や地域住民の学校参加は、そのための一つの要になるだろうと私は思っています。ではそれはどうすれば可能なのか？　この点については、次章のリヒテルズさんの議論も、ぜひ参考にしていただければと思います。

教育委員会とその問題

本章の最後に、日本をそんな「引き受けて考える社会」にしていくための、学校、そして教育行政のあり方について、一つアイデアをご紹介したいと思います。東京都杉並区教育委員会で調査研究室長をしている、山口裕也さんのアイデアです。

まずは少しだけ、教育委員会とは何かというお話から。

教育委員会制度もまた、戦後、教育の民主化を図るためにアメリカから取り入れられたものでした。学校を、お上に言われるままではなく、地域住民が自分たちの手で民主的につくっていくための制度です。

その歴史は紆余曲折そのものでしたが、いわゆる「素人統制（レイマン・コントロール）」、別の言い方をすれば「民衆統制」は、変わらぬ理念とされてきました。教育を、何らかの政治権力の恣意によってコントロールされることなく、素人たる民衆自身の手でつくり合おうとしたわけです。

その中心的な役割を担うのが、各都道府県や市区町村における、教育長と原則4人の教育委員（条例で5人以上、町村では2人以上とすることも可）からなる教育委員会です。教育長は常勤で、教育委員は非常勤。どちらも、首長が議会の承認を得て任命します。

この非常勤の教育委員が、レイマン・コントロールの要となります。「人格が高潔で、教育、学術及び文化に関し識見を有するもの」と定められていますが、必ずしも全員が教育の専門家であるわけではありません。委員のうち一人は保護者である必要もあります。

教育委員会の仕事（職務権限）は、「地方教育行政の組織及び運営に関する法律」（地教行法）第21条に定められています。19の項目がありますが、学校に関する主だったものを挙げると、以下のようになります。

一　学校その他の教育機関の設置、管理及び廃止に関すること。
二　学校その他の教育財産の管理に関すること。
三　職員の任免その他の人事に関すること。
四　入学、転学及び退学に関すること。
五　学校の組織編制、教育課程、学習指導、生徒指導及び職業指導に関すること。
六　教科書その他の教材の取扱いに関すること。
七　校舎その他の施設及び教具その他の設備の整備に関すること。
八　校長、教員その他の教育関係職員の研修に関すること。
九　校長、教員その他の教育関係職員並びに生徒、児童及び幼児の保健、安全、厚生及び福利に関すること。

十　学校その他の教育機関の環境衛生に関すること。
十一　学校給食に関すること。

これだけのことを、非常勤の素人がすべて取り仕切ることはもちろんできません。そこで教育委員会には、教育長をトップにした事務局が設けられ、教育委員会会議にかける審議事項の原案を作成しています。

事務局スタッフの多くは、いわばエリート教師である教職経験者や、教育行政の経験者です。彼らが専門的な見地からつくった原案が、月に一度の定例教育委員会会議や臨時教育委員会会議で審議されるという仕組みです。こうしたことから、5〜6名からなる教育委員会を「狭義の教育委員会」、事務局を「広義の教育委員会」と呼びならわしています。

さて、ところがこの教育委員会については、長らくさまざまな問題が取り沙汰されてきました。本章の文脈に限定してその問題の本質について言えば、教育委員会は、ほんとうに「民衆統制」が効いているのかという問題です。

長い間、教育委員は「名誉職」になっていて、実質上、機能していないと言われてきました。むろん、実情は自治体によって異なります。私が委員を拝命している熊本市の教育委員会会議は、毎回、4〜5時間にわたって本気の激論を交わしています。みなさん、大変な責任感をもって務められています。

とはいえ、そもそも誰が教育委員をやっているのか、地域住民の中で知っている人がどれほどいるでしょうか。市区町村の教育委員に比べ、都道府県の教育委員はいっそう「顔の見えない」存在でしょう。第一、教育委員会が何をやっている機関なのかよく知っているという人は、教育関係者でさえ多くはないかもしれません。

そのような状況の中で、自分たちの声が地元の学校に反映されている、反映されうると感じている人は、いったいどれくらいいるでしょうか。

また、どれだけ民衆統制といっても、非常勤の教育委員です。多くの自治体では、実質上、事務局が教育行政を取り仕切ることになります。そしてそれは、構造上、どうしても同質性の高い組織になってしまいます。各都道府県の、国立大学教育学部出身者が多くなる傾向もあります。要するに、価値観や利害関係のきわめて近しいインナーサークルの様相を呈してしまいやすいのです。

2008年には、大分県教育委員会の教員不正採用事件が大きな問題になりました。2011年の滋賀県大津市のいじめ自殺事件では、教育委員会によるいじめの隠蔽も問題になりました。こうした隠蔽体質や、自浄作用の欠落は、まさにインナーサークルゆえの問題と言えるでしょう。これでは民衆統制からはほど遠いと言わざるをえません。

市民による「共治」

そこで、地域住民がより当事者性を発揮できる、教育自治の仕組みを立て直す必要がある。杉並区教育委員会の山口裕也さんはそう言います(14)。そのアイデアは、画期的であると同時に、その気になればかなり実現可能なものなのではないかと私は考えています。

一言で言えば、教育委員が、出自不明で、自分たちとかかわりがないと思えてしまう人たちではなく、学校や子どもたちの成長、また地域社会の未来を考え、行動し続けている人たちから選出されるものとすることです。

コミュニティ・スクール（学校運営協議会）とはまた別の組織として、「地域学校協働本部」（杉並区の名称は「学校支援本部」）というものがあります。学習や部活動、学校行事の支援や、安全パトロールなど、学校の活動について地域住民のボランティアを派遣する組織です。杉並区では、2018年度、支援本部員が約600人、外部サポーターは1400人の登録があったそうです。これだけの数の人たちが、何らかのかたちで学校や子どもたちの成長に日々かかわっているのです。

この地域学校協働本部を、教育委員選出の重要な足場にしよう。山口さんはそう提案します。まずは、この地域学校協働本部の人たちの互選または推薦によって、各コミュニティ・スクールの学校運営協議員を選出します。次に、それぞれの学校運営協議会から一人ずつ教育委員の候補者を選出します。最後に、その候補者たちが、議会の同意を得たうえで首長によって教育委員に任命される。

日頃から、地元の学校や子どもたちと直にかかわっている人たちであれば、教育委員の仕事にもいっそう熱心に取り組むことができるでしょう。事務局に対しても、学校や子どもたちの実情を知る者として、より説得的な意見を述べることができるでしょう。地域にしっかりと根ざした教育委員の存在は、教育委員会の閉鎖性を打ち破り、真に住民に開かれた教育行政を実現する一つのアイデアになりうるのではないかと思います。

山口さんは、このような制度設計のキーワードとして「共治」という言葉を挙げています。「自治」という言葉では、抜け落ちてしまうものがあるからです。

たとえば、「住民自治」によって教育をつくり合う、と言えば、校長や教員が入っていないようなニュアンスがあります。あるいは「学校自治」と言うと、地域住民が入っていないように聞こえます。

自分たちの学校は自分たちでつくる。これが市民社会における学校の姿です。この「自分たち」の中には、教師も、保護者も、地域の人たちも、そして子どもたちも入っているのです。公教育にかかわるあらゆる人たちが、対等な立場で学校をつくり合う。それが共治です。学校支援地域本部や学校運営協議会を母体とした教育委員の選出は、そうしたあらゆる人々の声を吸い上げる仕組みとなる可能性をもっています。

先に私は、このアイデアは、その気になれば十分な実現可能性をもっているのではないかと言いました。それはこの仕組みが、現行の制度を大きく変えなくても可能であるからです。

これまで、教育委員会の閉鎖性や民衆統制の名目化を克服するために、教育行政研究者をはじめ多くの人がさまざまなアイデアを提示してきました[15]。たとえば、戦後間もない一時期に行われていた、教育委員の公選制の復活。あるいは、教育委員会の「必置規制」を廃止し、教育委員会をなくして教育行政部門を選挙で選ばれた首長のもとに統合するアイデア（その際はもちろん議会がしっかりコントロールする）。さらには、上意下達の教育行政の閉鎖性を克服するため、文科省までも廃止するアイデア、等々。

しかしいずれの案も、大改革が伴うものです。実現の可能性がどれほどあるかは不明です。実現したとしても、ほんとうに民衆統制が効くのか疑問もあります。

一見、最も民主的に思われる公選制の復活も、蓋を開ければ、地元の教育を真剣に考える人たちの選挙というより、単なる政治闘争の場になってしまう危険性もあります。実際、１９４８年に始まった教育委員の公選制が、早くも１９５６年に廃止された背景には、そのような政治闘争がありました。

当時、社会党などの左翼政党と教職員組合は、熱心に教育委員選挙に取り組んでいました。それに対して、保守政党と文部省は危機感を募らせ、これらの勢力の拡大を防ごうと必死でした。そうした背景の中、教育委員の公選制を定めていた教育委員会法は、ついに廃止されることになったのです。

と、以上のように考えると、「地域学校協働本部⇒学校運営協議会⇒教育委員会」というプロセスは、現行制度を前提に、しかも市民の「共治」を実現する、十分な可能性をもったアイデアなのではないかと私は思います。

繰り返し言ってきたように、学校は「お上」の意志でつくられるものではなく、市民みんなでつくり合っていくべきものです。それを可能にする仕組みを、私たちは今後も知恵を出し合い考えていく必要があるでしょう。

第4章

学校文化をシフトする

――管理から信任へ

リヒテルズ直子

Introduction

リヒテルズ

近年、文科省は「主体的・対話的で深い学び」を推進しています。公教育の最大の目的が主体的市民の育成にあるという前提でこの方針が出されているのならば、理にかなっていると思います。しかし、問題は、子どもたちの「主体的・対話的で深い学び」を現場で支援する教員たちが、果たして「主体的・対話的」に活動できているか、そうなるべく育てられてきたかという点です。

子どもたちが市民として自由や責任について学んでいくためには、模範となる大人の行動が必要です。けれども、いまの大人たちは、自由意志に基づいて判断したり行動したりすること、その行動が他者の自由を妨げないようにすること、意見が対立した時には対話を通して歩み寄ること、そうした主体的市民に求められる態度や行動様式を学んできていないのではないかと思うのです。教員自身が学んでいないことを、どうやって子どもたちに教えるのでしょう？　結果として、教員たちは「また文科省からの指導だ、どうすればいいんだ？」とマニュアル探しに奔走することになる……。

大切なのは、「なぜ、主体性や対話力をもたねばならないのか」という〝Ｗｈｙ〟について考え、問い直してみることです。これがわかってくれれば、自分が経験していないことでも、子どもたちをどう導けばいいかを考えることができるし、同僚と意見交換しながら、自分たちなりのやり方を編み出していくこともできます。でも、日本の教員たちはそういう対話の仕方すら学んできていない。厳しいことを言うようですが、これは、日本の教育を受けて育ってきた私自身の自戒でもあるのです。

苫野　はい。

リヒテルズ　誤解がないように付け加えますが、日本の教育現場には、主体性や対話の必要性を理解し、推進したいと思っている先生方はかなりの数いるし、実際に試みている方も少なくありません。ただ、そうしたことを思う存分やりたくても、思い切ってやれない環境がある。それは、先生たちの資質というよりも、制度上の問題だと思います。つまり、文科省を頂点とし、その下に自治体の教育委員会があって、学校の管理職がその制度の末端を支えるという、あまりにも上意下達型の管理的な教育行政があり、学校の独立性が著しく制限されている。もちろん、これも現在さまざまな地域で変革・改善されつつあることは承知しています。でも、一般的に言うと、行政指導者たちは、いまでもおそらく、教職員や学校が自由裁量権をもつことに非常に不安を感じている。そのために、管理教育から抜け出せずにいるのではないかと思うのです。

そして教員たちの間でも、教育内容やそれを教える理由などをいちいち議論している時間はない、いま以上に忙しくなるのはごめんだ、規則や指導書通りに済ませられたらそれが一番、という気分が支配的なのではないでしょうか。その結果、何か自分で考えて工夫しようとか、主体的な教育者として自分の感覚や判断を重視しようと考える教員は、まさしく少数派として、「出る杭は打たれる」ように同僚から批判的な眼差しで見られてしまう……。

苫野 1999年に地方分権一括法（地方分権の推進を図るための関係法律の整備等に関する法律）が公布され、学校教育も、文科省を頂点とする中央集権的で上意下達的な行政からの脱却が目指されました。いまでは、リヒテルズさんもおっしゃったように、大いに主体性を発揮している自治体はそれなりにあります。過剰な管理ではなく、学校現場の裁量をとことん支援する教育委員会も増えてきました。私が教育委員を務める熊本市も、コロナ禍の一斉休校の際、ほぼすべての小中学生などにオンライン授業を提供できた政令指定都市レベルでは唯一の自治体として全国的に注目を集めました[1]が、その時に大事にされたのは、やはり現場の徹底的なサポートでした。

でも、長年染みついたサガと言いますか、いまでも残念ながら、文科省⇒都道府県教育委員会⇒市区町村教育委員会⇒各学校という上意下達の意識は強いですね。ほんとうは、各学校でもそれぞれの状況に応じてもっといろんなチャレンジができるのに、どうしても慣例主義、横並び主義になりやすい。

リヒテルズ 同じことは、保護者や地域の人たちの学校参加にも言えます。保護者も地域の人も、教員と同じように、古い型の学校で育ってきており、自由と責任を果たしていくという、まさに主体的市民の行動が鍛えられていない。しかも、保護者や地域の人たちにも「従来通り、規則通りにやってくれ」という保守的気分が強く、子どもたちの未来を切り開くために知恵を出し合おうという雰囲気になかなかなっていかない。こうした状況の中で教職員チームの間に対話を促したり、保護者と教職員チームの関係を円滑にしたりするためには、校長が担う役割がとても大きいと思います。

苫野　校長はほんとうに大事です。最近よく言うのですが、多くの学校とご一緒させていただく中で、確信していることがあるんです。「ああ、これは『よい』学校だな」と思う学校には、例外なく、先生同士や子どもたちも含めた「対話の文化」や「対話の仕組み」がインストールされています。他方、「ああ、これはあんまり『よい』学校とは言えないな」と感じる学校には、例外なく、対話の文化や仕組みがないんです。

こうした文化や仕組みをつくれるのは、やっぱり誰よりもまず校長なんですよね。もちろん、教務主任や研究主任、生徒会顧問なども、その文化や仕組みをつくりやすい立場です。たとえば、校内研修を対話ベースにするといった仕方で。でも、それも最後の最後で校長につぶされてしまうこともないわけではないので……校長の理解はほんとうに大事です。

ちなみに、ここで言う対話の文化や仕組みというのは、単に飲み会が頻繁にあるといった意味ではありません。半ば強制的な飲み会の存在が、かえって息苦しい学校文化を生み出している例もたくさん見てきました。

重要なのは、本質を問う対話です。千代田区立麴町中学校の元校長で、現在は横浜創英中高の校長をされている工藤勇一さんの言葉を借りれば、「対話を通した最上位目標の合意」をベースに、つねにその最上位目標に立ち返りながら共に学校をつくっていくことです。[2] リヒテルズさんがおっしゃったように、「これっていったい何のためにしているの？」というＷｈｙを、みんなで問い合うことが重要なんですね。

こうした対話の文化や仕組みがあると、バラバラ感や対立の絶えない学校現場がじわりじわりと活性化していきます。非本質的な仕事もどんどん断捨離できます。逆に言うと、こうした場がないと、声の大きな人の意見ばかり通ったり、忖度がはびこったり、「こんなこと言ってもどうせ聞き入れてもらえないだろうな」といった自縄自縛の悪循環に陥ったり、意味のよくわからない仕事が増えたりしてしまうんですね。

その意味で、みんなが安心して、対等な立場で対話できる文化や仕組みをつくることは、校長の最大の仕事の一つと言っていいだろうと思います。

教育の基本中の基本は、「信頼して、任せて、待って、支える」である、といつも言っていますが、これは校長が先生方に対してもつべき姿勢でもありますね。でも、先生が子どもたちを「信頼して、任せて、待って、支える」のに勇気がいるように、校長が先生を「信頼して、任せて、待って、支える」のも、とても勇気がいることです。まずはその一歩を自覚的に踏み出してみることが大事です。

リヒテルズ　学校職員に自由や責任を手渡していくうえで、失敗はつきものだと思うのです。もと、教育改革は、リスクを冒してでも取り組んでみるというような姿勢があって初めてできるものです。やってみてうまくいかない、思い通りの結果にならない、という経験を積むことで、徐々によりよいやり方が紡ぎ出されていきます。

いずれにしても、学校や教育行政、また保護者など社会の隅々にまですっかり染みついてしまった「管理」一辺倒の古い文化を社会全体で打ち壊そうと動き出さない限り、公教育の本来の目的である主体的市民の育成を実現する環境は整わないと思っています。社会を変えるきっかけをつくるために、「学校」がまずその一歩を踏み出す、それができるように環境を整えることが大切ですね。

未来に向けて学校を変革していくうえで、従来の学校に支配的だった「管理」文化を、どんな文化に変えていけばいいのでしょうか？

A.

一言で言えば、「管理」から「信任」へのシフトです。学校の独立性を認め、信頼して任せるという文化です。学校に自由裁量権を認めることで、学校職員が現場のニーズに応じやすくなると同時に、その結果に対して責任をもち、自ら改善努力をするようになります。

個別のニーズに合わせるための学校と教員の自由裁量権

これまでの日本の学校制度は、教育の質を、徹底した上からの行政管理を通して担保することで成り立ってきました。しかし、そこには、「なぜ（Ｗｈｙ）」子どもたちはそれを学ばなければならないかという議論よりも、「どう（Ｈｏｗ）」学ばせるかの議論が多く、学校や教員たちを「どんな教材を使ってどう教えるか」という方法で縛っていました。その結果、教員たちは、目の前の子どものニーズやテンポに合わせたくても、できない、選択肢がないという状況が生まれていたと思います。いまでも、教材購入費が少ないために、本気で別のやり方を考える教員は自腹を切って教材などを購入しているという状況すらあります。

日本の学校教育は、このようにやり方（Ｈｏｗ）を統一し、競争的に学ばせることで、国際的にも高い学力水準を達成できたのかもしれません。しかし、第2章でも述べたように、これからの時代に子どもたちが身につけなければならない力は、いわゆる客観テストで点数評価できる認知的能力（学力）だけではありません。主体性を育て対話力を育む教育は、マニュアル通りにできるものではなく、まさしく、人間である教員の感覚、自分自身も常に学んでいるんだという姿を見せることで可能になります。

また、「日本の子どもたちの高い学力」と言いますが、くわしく見てみると、平均値は高いかもしれませんが、すべての子どもの発達を保障しているかというと、幾分首をかしげざるを得ないのです。落ちこぼれ、不登校の子どもたちの学力は、誰がどう保障しているのでしょうか。不登校の子どもたちは、フリースクールや塾などに行くケースも多いですが、そうした場所で、本来望まれる能力が育まれることを保障する仕組みはありません。にもかかわらず、卒業年齢が来ると、籍のある公立校で卒業証書だけはもらえる。このような卒業証書にどんな意味があるのでしょうか。ましてや、しばしば指摘されるいじめや自殺率の高さなどは、学校関係者が社会性や情緒の発達にあまり深い関心をもっていないことの表れだとは言えないでしょうか。

人間の教育は生きた人間にしかできない

いまから30年以上も前、わが子らがボリビアのアメリカンスクールに通っていた頃、子どもたちを指導してくれていた担任の先生たちの教え方がとても個性的で独創的であることに驚いたことを覚えています。とくに、娘が小学１年生の時の担任の先生は、まだベテランとはいえない30歳前後の若い女性でしたが、彼女の授業は、いつも子どもたちを喜ばせ好奇心を引き出すさまざまな工夫が周到に準備されていたのを思い出します。

この先生に、一度、こう聞いてみました。

「あなたは、いつも自分で工夫をして授業をしているけど、学校には何か統一したやり方だとか指導だとかはないの？」

彼女は、なぜそんなことを聞くのだろうとでも言わんばかりに、「そんなものは何もないわ。私たちは、自分で工夫して教えるのが当然だと思っている」と答えてくれました。

人間の教育は、人間にしかできないものです。また、人間の子どもは、自分の周りにいるさまざまな人と、それぞれ異なる独自の関係をもちながら、社会の中で生きる人間になっていきます。たしかに最近はデジタル教材が威力を発揮しており、機械的に反復練習をすることで身につく力ならば、そうした教材を使うほうが効率的かもしれません。しかし、人間の子どもにはそれぞれ特性があり、独自の学びのテンポやスタイルがあります。そうしたものを感じ取り、「ここぞ」というところでその子に必要なアドバイスを与えたり、好奇心を引き出して学びへの動機づけをしたりするのは、人間である教師です。

ましてや、社会性や情緒のコントロール、シチズンシップ教育が目指す自由と責任の扱い方、社会参加の仕方、他者とのコンフリクトを解決する方法、世の中の出来事についての理解とそれに対する意見形成、意見を言葉で述べる力、反対意見に聞く耳をもつこと、反対意見と擦り合わせながらさらに自分の考えを主張したり修正していく力などは、デジタル教材を使って伸ばすことはできません。子どもの周りに、生きた、それぞれに個性ある他者がいて、集団としての動きや力（グループダイナミクス＝集団力学）を子どもが感じ取り、そうして感得した情報をもとに、そこで何が必要かを的確に判断できる教師がいて、初めて可能になることです。そのためには、教員養成課程で、板書の仕方とか、教室で大きな声を出せるようにするとかいった「方法」ではなく、教育の専門家として人間の子どもを観察し、ニーズに合わせて工夫して教えられる力、すなわち教師としての姿勢や態度、スキルを育てる必要があるのです。

リスクを冒せるゆとり、チームとしての学校

学校現場の子どもたちの様子は教室にいる子ども集団の性質によっても毎年異なります。子どもたちは一人ひとり成長していますし、クラスメートからの影響も強く受けます。とても気遣いができムードメーカーとして全体の雰囲気をよくしてくれる子がいれば、クラスの雰囲気が明るくなるし、不満を溜めている子が乱暴な行為を繰り返す教室では、子どもたちの間になかなか結束が生まれないということは、誰しも経験しているはずです。

毎年異なる子どもたちが、異なる組み合わせでつくるクラスの中で、すべての子どもの学びを保障する環境を用意するためには、教員が自由裁量権をもつとともに、教員自身が失敗を繰り返しながら学んでいくという経験が大切です。うまくいかなかった時に同僚に相談できる環境、経験のある同僚がバックアップしてくれる職場は、どんな教員にとっても望ましいものではないでしょうか。それは教職員集団がチームになっている時にできることです。

学校を信任し独立性を保障した場合、教育の質が落ちる心配はないのでしょうか。「教育の自由」が極めて大きく認められているオランダでは、教育の質をどう担保しているのですか？

A.

子どもたちが各教育段階で最低限身につけなければならない能力の目安を国が明確に示したうえで、そこに向かう方法は各学校が自由裁量を発揮できるようになっています。各学校にはどのような方法ですべての子どもの発達を保障しているかを公開する義務があり、第三者評価機関による監査もそこに重点を当てて行われています。

国が示す目標値・学校が選ぶ方法

オランダが、かつて、画一一斉授業型の学校教育から、子どもの個別のニーズやテンポに合わせて教え方を変えられるような学校教育へと転換した際、国が最初に行ったのは、学年ごとに教育内容を決める従来のやり方を廃止することでした。そのかわりに、教育段階ごとに修了時の目安となる目標値を示すことにしたのです。1981年に新初等教育法が施行された時に定められたこの目標値は「中核目標（Kerndoelen）」と呼ばれています[3]。

これによって、学校は、学年ごとに決められた学習内容を教員が授業で教えているかどうかではなく、すべての子どもが、卒業時の最終目標に向かって確実に学べるよう支援されているかが問われるようになったのです。

同時に、子どものニーズに合わせて教え方を多様にする（いわゆる個別最適化、英語ではDifferentiation）ため、国立カリキュラム研究所が設立され、教育学者や現場の教員たちが、さまざまな教え方やカリキュラムを開発して集める仕組みができました。現在でもこの研究所はあり、ウェブサイトを見ると、教科ごとに、中核目標に至るための段階が時系列で示され、段階ごとの学びのために、国内で入手可能な教材やメソッドが挙げられています。学校や教員は、通常のやり方では理解できない子どもにどう教えたらいいかわからない、どんな教材を使えばいいかわからないという時に、このサイトを訪れ、利用することができます。もちろん、学校には十分な教材費が支給されており、教材を選択的に使って個別のニーズに応じています。

このようにオランダでは、国は、教育段階ごとに子どもたちが到達することが望まれる目標を明示するだけで、そこに至る道をどのように整備するか、すなわち、カリキュラム（学びの順序）や使う方法（教材、授業方法、学級編制の仕方など）、教職員の組織の仕方などの一切は、各学校の自由裁量に任せているのです。ローマに至る道は一本ではない、というわけです。

学校の情報公開義務——学校要覧と改善計画

新初等教育法の施行後、国は、各学校に、教育実践のビジョンや方法について情報公開をすることと、４年後を見通した改善計画の提出を義務づけるようになりました。

もともと「教育の自由」が憲法で保障されているオランダでは、教育理念や教育内容それ自体も、国が義務づけているもの以外に、各学校が独自に設定する自由が大きく認められています。[4]授業時間の約３割は、それぞれの学校が独自に定めた教育内容を実施できることになっています。

そのうえで、学校独自の教育理念と内容は何か、また、それらの理念に基づきながらも、国が定めた中核目標に向けて子どもたちの発達を保障するためにどんな方法を採用しているのか

（学校要覧）、そして、現状の課題をどう把握し、それを今後どのように改善していく予定なのか（改善計画）を、くわしく公開することを求めています[5]。

オランダで学校要覧に盛り込まなければならないとされている内容は、表4－1のようなものです。

保護者の学校選択権

学校要覧や改善計画などの情報公開義務は、保護者の学校選択のためでもあります。

前述の通り、どの学校も、授業時間の7割は、国が要請している中核目標に向かって子どもが育つように使っています。しかしそれ以外の時間は、各学校の裁量によって、たとえば哲学授業や課外活動、健康教育、宗教教育など、国に義務づけられたものにプラスαの要素を加味しています。しかも、全体の約1割にあたる学校はいわゆるオルタナティブスクールで、これらの学校も中核目標に沿って教育活動を進めますが、学級編制やカリキュラム、授業方法について、特徴のある教育を実践しています。初等教育も中等教育も公立校は全体の3割、残りの7割は何らかの市民団体による私立校ですが、国はどちらにも平等に資金を提供しており、学区制はありませんので、保護者には多数の選択肢があります[6]。

言い換えると、学校がいくら自校の理念や実践を自慢していても、保護者に選ばれなければ

表 4-1　オランダで学校要覧に盛り込む必要のある項目

学校の特徴（理念）：子どもたちに何を身につけさせようとしているのか（教育内容）

教育活動の組織の仕方：学校の組織、規模、住所、教職員チームの構成、担任教師不在の際の臨時職員、休暇の方針、実習生の数と選び方、学級編制の仕方、学級規模、学校活動の時間配分、時間割など

子どもたちのためのケア：毎日の活動、発達記録の内容、進度についての話し合いの内容や頻度、転出の際の次校への連絡内容、特別支援教員、適応教育の方針、他校や他団体との連携方法と内容、特別支援の方針（６段階）、連携校グループの中での当校の位置づけ、当校の教育可能性の限界（どういう場合は子どもを受け入れ、どういう場合は受け入れられないか）とその理由

保護者との教育的パートナーシップ：保護者の学校への関与の意義、当校の教育と学校組織についての情報提供の仕方、学校経営参加評議会、保護者評議会、保護者が離婚している場合の双方への情報提供の仕方

就学・進学・退学の方針：４歳（初等教育就学年齢）児の受け入れプロセス、転級や進学・留年の方針と基準、中等教育への進学、転入者の受け入れ

連携団体：学童保育、言語療法士、青少年・家族センター、連携協働校、児童虐待や家庭内暴力の疑いがある場合の通告方針

来る数年間の学校改善方針：教職員の専門性向上対策、当校の教育改善活動

教育の成果：一般的な成果、中等教育への進学状況

学校の歴史・教育ビジョンの歴史

約束事項と規則：子どもの送迎、写真・ビデオ・ソーシャルメディア使用方針、行動上の規則、保護者による支援、苦情手続き、服装、薬剤の服用と医療ケア、携帯電話の使用、学校保険、欠席届、停退学処分、スポンサー、スポーツ活動、見学等の交通手段、安全保障、子どもに関する基礎情報変更の届出

連絡先：学校の位置、学校経営参加評議会、苦情受け入れ教員、安全モニターといじめ対策のコーディネーター、児童虐待届出先教員、理事会の苦情届出先、教育監督局、青少年・家族センター、学童保育

教職員構成

※学校要覧の内容は初等教育法の中に示されているが、ここでは、わかりやすいように、ある初等学校が実際にこの法律に沿って作成した学校要覧の見出しを挙げた。

存続できないということになります。保護者がそっぽを向くような学校、つまり入学希望者が減っている学校には、国が教育費の支給を停止し廃校措置となるからです。逆に、保護者に人気のある学校は、生徒数が増え、別の場所に分校を増設することもあります。そのような学校には「何をしているんだろう」「どうやっているんだろう」という関心が集まり、他校にも影響を及ぼします。1970年代に、タケノコが増えるように一気にオルタナティブスクールが広がった背景にはこうした事情がありました。また、こうして広がったオルタナティブスクールの実践事例は、実際、ほかの多くの学校にさまざまな形で取り入れられています。

つまり、教育の自由（学校や教員の自由裁量）は、保護者（子ども）の学校選択の自由とセットになって、初めてよく機能するものなのです。

教育監督局による評価と改善支援

もちろん、子どもたちの発達を保障できないという望ましくない状態に陥ってしまう学校もあります。たとえば、教職員チームの人材や運営に支障が出る、何らかの事件を学校自身が解決できない、保護者から苦情が出る、入学希望者が著しく減少するといった事態です。

オランダには、教育行政とは独立した「教育監督局」という第三者評価機関があり、このような非常時、そういう学校を廃校措置にする前に、まずインスペクターと呼ばれる監督官を送って調査を行います。調査を通して問題点を洗い出し、一定期間（通常2年程度）、通常よりも多くの追加資金を供与して、改善努力を求めます。それでも改善がみられなければ廃校措置です。

教育監督局は、とくに経営状態が悪くなくても、すべての学校に4年に一度インスペクターを送って、各校の現状を監督しています。教育監督法（Wet Onderwijs Toezicht：WOT）という法律に定められた監察項目は、表４－２の通りです。

これからもわかる通り、教育監督局は、教育の成果として、学力だけを見ているわけではありません。社会性や市民としての能力が向上することも同等に重視しています（3の②）。また、子どもの発達の基礎となる安心・安全の環境も、監察項目に含まれています[2]。

インスペクターは、通常二人ずつで、複眼的に学校の姿を監察します。2日間ほどの時間をかけ、校長ら管理職、教員、生徒、保護者に、その場でランダムにインタビューを行い、教材や生徒の発達記録などもランダムに抜き取って、必要に応じて提示を求めます。とくに、学力面での遅れがみられる子どものためにどんな方法で発達支援をしているかは、監督の際の重要な視点です。学校は、すでに提出している学校要覧と改善計画が、単なる書面上の建前ではなく、具体的な現場実践に還元されていることを証明しなければならないのです。

インスペクターによる監察結果は、局内でほかのインスペクターとともに討議・検討され、数十頁にわたるくわしい報告書として学校に送られます。この報告書は教育監督局のウェブサイトでも公開され、保護者や地域の人々はいつでも全文を見ることができます。

表 4-2　教育監督法に定められた監察項目[7]

1．教育プロセス

①提供している教育内容：卒業後の進学や社会に出る準備として、どのような教育内容を提供しているか

②子どもの発達の把握と適切な指導：学校は生徒たちの発達をよく把握し、個別の生徒に適切な指導や追加的支援をしているか

③子ども学と教授法についての知識を踏まえた教育実践：子ども学的かつ教授法上のビジョンは明確で、日々それに基づいて生徒指導をしているか

④教育にかける時間：生徒たちが教育内容を遂行するために十分な時間を提供しているか

⑤修了の仕方：すべての子どもが次の教育段階に進むための十分な準備を整えて修了させているか

2．安全性と学校の雰囲気

①安全性：学校は生徒たちのために安全な環境を提供しているか

②学校の雰囲気：生徒たちの社会的・市民的な能力の発達にふさわしい学校の雰囲気があるか

3．教育の成果

①成果：学校は、生徒たちの基礎学力の教育成果が期待されているものと一致したレベルを維持できているか

②社会的・市民的能力：生徒たちは、最低限、次の教育段階また社会で期待されているレベルの社会的・市民的能力を獲得しているか

4．学校経営・質管理・向上心

①ビジョン・向上心・目標：よい教育とは何かについて独自のビジョンをもっており、それに近づこうとする向上心をもち、その目標に向かって学校経営に取り組んでいるか

②実践と質向上の文化：よい教育のために目標を設定し、質向上に向けた文化を形成し、そのための条件を整えて、学校経営にあたっているか

こう書くと、インスペクターは怖い人で、学校は教育監督局の仕事を恐れているように思われるかもしれません。しかし、実は逆で、私が出会ったほとんどの学校の校長は、インスペクターと親しい関係にあり、自分たちの教育実践を、他校と比較してくれるインスペクターの存在を貴重に思っていました。

実際、報告書を見れば、どこに問題があり、改善の余地があるかがわかります[8]。報告書はいわば健康診断書のようなもので、不健康な部位を指摘してもらえれば、そこに手当てができるのです。インスペクターは、改善のアドバイスとして、他校のよい実践例や、教育サポート会社の研修事業を紹介してくれることもあります。

教育サポート会社とは、もともと１９６０年代に公的機関として自治体ごとに設立されたもので、国と自治体が教員や学校の研修費用を分担していました。公私立の別なく、自治体にあるすべての学校の教員に平等に研修を受ける権利があります。その後、民営化され、全国に60ヵ所あまりあった教育サポート会社は数ヵ所に統合され、現在では、学校が国から受け取る教育費の中に研修費用が含まれています[9]。いずれにしても、こういう機関があることで、学校や教員は、授業や学級運営に関するコーチング（ビデオコーチングを含む）や研修（一般のテーマ別研修と学校をベースにしたチーム研修）などの支援を受けられます。逆に言うと、これだけの費用を国が拠出しているにもかかわらず、それを利用しないでいるのは、学校側が改善努力を怠っているとみなされるのです。

管理され、指示通りに動くことに慣れてきた教職員に自由裁量を与えても、その自由をどう使えばよいかわからず、混沌とした状態になってしまわないでしょうか。教職員や保護者が自由の意味を理解し、主体的市民として協働するには、どうすればよいでしょうか？

A.

慣れないうちは小さな範囲の自由から始めて少しずつ広げていくことや、学校単位のチームをつくり教職員同士で対話の練習をしたり、カリキュラムの一部を自ら考案したりする機会、また保護者の学校参画を通して、教職員と保護者が協働することの意義を学びながら、シチズンシップを身につけていくことが大切です。

子どもと一緒に大人もシチズンシップを学ぶ

第2章で、子どもたちがそれぞれ自他を尊重しながら対話し、共に協働して学んでいくこと、子どもたち自身によるルールづくりや自治について触れました。これは主体的市民の育成、つまりシチズンシップの学びです。

問題は、その指導にあたる教員たちが、シチズンシップを学校で学んできていないことです。子どもたちにシチズンシップの学びを提供するためには、まず大人自身が、対話のやり方を学ぶ必要があります。話し合いのリーダーとしてみなの考えを引き出すこと、話し合いの参加者として自分の考えを言葉にして表現すること、ほかの参加者の発言に耳を傾けること、立場や見方の異なる複数の人々の意見に歩み寄り、合意を生み出す努力をすること、などです。

このような対話は、従来の学校や組織によくみられる職員会議のあり方とは大きく異なります。従来の学校の職員会議では、管理職が何かを達示する、職員が質問する（あるいは黙って聞いておく）という程度に終わることが多かったのではないでしょうか。何か決めなければならないことがある時には、反対意見が出て面倒な議論にならないように事前に根回しをしておく、といったこともあると思います。しかしそういう会議では、思う存分意見の交換ができず、後で廊下の隅で不満を述べ合うとか、飲み会の席で本音を言うといった状況もよくみられます。

その結果、職員間に党派的な分断が起きやすく、チームとしての結束とは正反対の状況が生まれます。

対話は、第2章で述べた通り、お互いの頭の中にある考えを示し合うものです。そしてそれぞれの見方や考え方、立場の違いを受け止め、みなが納得できる答えを見つけることが目的です。参加者同士、常に歩み寄りの姿勢をもっていなければなりません。

保護者もシチズンシップを学ぶ

前に紹介したフレーデザームスホール・プログラムなど、オランダのシチズンシップ教育では、教室で子どもたちのためにこれを導入する際、保護者会を開いて、保護者たちにもシチズンシップ教育の授業を体験してもらう機会を設けています。

実は、管理教育は、学校と保護者の間に大きな溝をつくることにもなっているのです。管理されている教職員たちは、保護者の要望を聞いてもそれに応えて何かを変える裁量権がない、あるいは、そうだと思い込んではいないでしょうか。その結果、保護者は自分の声が聞かれず、学校への不満はますます募ります。それが、教職員と保護者の間に不信感や対立を生み、子どもたちが希望をもてない社会をつくってしまってはいないでしょうか。こうした好ましくない状況の中では、子ども、保護者、教職員の三者がみな無力感を抱いてしまいます。

保護者は、その名の通り、未成年である子どもの権利を代弁し、保護する責任を負っています。その責任を果たすために、保護者には発言の自由が認められなければなりません。また、個々の保護者がもっているさまざまな能力や人間関係を学校のリソースとしてポジティブに見直すことで、学校と保護者の関係をよくするきっかけが生まれます。

ＥＵ諸国は、学校における保護者参加を４分野に分けて推進しています。それは①コミュニケーションと情報公開、②教育活動への保護者の関与、③学校運営に対する保護者の発言権の保障、④家族学習です[10]。以下、オランダの事情をお伝えします。

保護者が学校に参加する機会を増やす

オランダの学校では、さまざまなメニューをつくって、保護者が学校活動に参加する機会を提供しています。たとえば絵本の読み聞かせ、少人数グループでの音読の練習、個別指導の手伝い、子どもたちとの料理、行事や催し物の衣装や舞台の準備、キャンプなどへの同行や協力、進路指導の際の仕事紹介、遊び時間への参加、教室のインテリアづくり、図書や備品の整理などです。

日本では、平日の保護者参加を呼びかける学校に対して、保護者の関心は小さく、「なぜ先生の仕事を私たちが手伝わなければならないのか」と考える保護者も多いようです。これは一つには、保護者自身が日頃から仕事に忙しく疲れ切っていて学校活動に協力するゆとりがないこと、もう一つは、「子どもの教育は学校が担うもので、保護者が参加するものではない」という考えが強いことが原因だと思います。

オランダでは、労働者の権利が大きく認められており、フルタイムワーカーとパートタイムワーカーの仕事に、時間あたりの給与や、休暇などの保障の面で差がありません。そのため、小学校低学年ぐらいまでの小さい子どもをもつ保護者の多くは、この時期にフルタイムではなくパートタイマーとして就業し、平日でも週に2、3日はどちらかの親が家庭にいて、多くの時間を家庭で子どもと一緒に過ごすというケースが一般的です。それは、医師や技術者などの専門職にも、企業の管理職にも、一般の労働者にもいえます。その結果、親たちが学校での活動に積極的に参加するゆとりをもっているのです。

また、教員と保護者の協働は、教員の仕事を軽減するためではなく、子どもたちが直接触れる大人の社会が市民社会として機能していることを学校を舞台として見せるため、言い換えるならば、学校を、子どもを取り巻く「共同体」にするためという積極的な目的のもとに行われています。

民主的な市民社会がまだ成熟していない非西洋の国々から来た移民の保護者たちは、日本の保護者と同じように、学校の活動に参加するという習慣があまりなく、学校の敷居を高く感じています。そこで、移民の子どもが多く通う学校には、しばしば、自治体が追加資金を出して、学校に保護者がやってくる機会をできるだけ多く設け、保護者たちが主体的にかかわる姿勢を促しています。

移民家庭が圧倒的に多くを占める地域のカトリックの小学校で、自治体が資金を提供して行っていた母親学級に参加したことがあります。その時、そこに集まっていたイスラム教徒のスカーフを頭にかぶったお母さんたちが、学校で行われたクリスマスの行事で、オランダ人の母親たちと一緒に飾り付けに協力した経験を振り返り、「お互いの宗教を尊重し合う姿勢が子どもたちの成長にとっていかに重要なことかがわかった」と感想を漏らしていたことが印象に残っています。

運営主体に対する保護者の権利と義務

先に述べた通り、オランダの学校は「学校要覧」と「改善計画」を公表して、学校独自の教育実践の内容を明らかにしなければなりませんが、教育監督法はそのほかにも、保護者が求める情報を提供する義務を学校に課しています[11]。また、学校に対する保護者からの苦情を匿名で受けつけ処理する苦情処理係を各学校に必ず設置することも義務づけています。

つまり、保護者には、子どもが通っている学校で何が行われているかを知る権利、不明な場合にはくわしい情報を受け取る権利、不満や不安を訴える権利が保障されています。

学校の運営責任者は、公立校の場合は自治体、私立校の場合は理事会です。学校で行われている活動の一切の最終責任者ですが、こうした運営主体の決定に対して、保護者には反対したり疑義を呈したりする権利が法律で認められているのです。ヨーロッパではたいていの国がこの権利を保障していますが、国によって制度に少しずつ違いがあるようです。

オランダの場合、「学校経営参加委員会（Medezeggenschap Raad Onderwijs：ＭＲＯ）」と呼ばれる組織を設けることが、すべての学校に義務づけられています。委員会の規模は学校の生徒数により異なりますが、半数が教職員の代表、残りの半数が保護者の代表です。どちらも、毎年、立候補者を互選で選びます。

この委員会には、運営主体が行った何らかの決議に反対してその実行を阻止する権利（同意権）と、審議のやり直しを要求する権利（勧告権）が認められています。つまり、自治体や理事会が、学校の教職員や子どもの権利を侵害する可能性のある決定をして、それをすぐに実行してしまうことがないように、教職員と保護者が「ちょっと待て」と声を上げられる仕組みをつくっているのです。教職員にとっては自分の職場である学校に対して、保護者にとっては自分の子どもを通わせている学校に対して、その運営が間違った方向に進まないように「監督する」責任を国から任されていると言うこともできます。ここでも、選ぶ自由とそれに伴う監督責任、すなわち「自由と責任」の原理が働いているのです。

表４－３は、法律で定められている同意権と勧告権の項目を示したものです。[12] この中でとく

に興味深いのは、学校職員、管理職、理事会メンバーの採用と罷免について、保護者に勧告権が認められていることです。運営主体である自治体や理事会は、校長や教職員、また理事会自体のメンバーの採用や罷免を、教職員と保護者からなる学校経営参加委員会の承認を得なければ実施できないことになっているのです。多くの場合、採用や罷免はオランダでも型通りに承認されますが、この法律はたとえば保護者が、教員採用の際に前任校時代の噂を聞いて不安を感じるとか、教員の罷免理由に納得がいかないといった場合には、この委員会を通して「待った」をかけられる権利を保障しています。そして、こういう法律があることが、保護者を蔑ろにしない学校運営につながっているのです。

保護者は学校教育のリソース

このように、オランダの保護者には、学校を複数の選択肢の中から選ぶ権利、学校に情報公開を求める権利、また、運営主体の決議に異議を唱える権利があるわけですが、こうした権利があるからこそ、学校活動への参加意識も高まるといえるでしょう。

「保護者は、学校にとってかけがえのないリソースだ」とオランダの教育者たちはよく言います。またある教育者は、「一人の子どもを見てごらん。この子には、父親と母親のほかに、父方の祖父母、母方の祖父母がいるだろう。それに、父親と母親の兄弟姉妹、つまり、おじさ

表 4-3　同意権と勧告権の項目例（初等学校の場合）

学校運営主体の決定を阻止できる「同意権」が認められている項目：学校設立の基盤である教育理念や方針にかかわる決定や変更に関係するもの

・教育学的目標の変更
・学校改善計画の決定と変更
・学校規則の決定と変更
・学校のニーズによる保護者の支援活動についての方針決定と変更
・学校職員の安全・健康・福祉方針についての規則の決定と変更
・学校責任者が学校活動のために、教育関係法規で規定されている以外に物質的または金銭的な援助を受ける場合の決定
・学校内で規定されている苦情手続きの決定と変更
・他校との合併に伴う教育方針の決定と変更
・分校設置や移転についての決定

学校運営主体に審議のやり直しを要求できる「勧告権」が認められている項目：主として学校の組織や運営方法にかかわる項目

・複数年にわたる財政方針の概要決定と変更
・重要な教育活動の停止、大幅な縮小、または拡大
・他機関との持続的な協働の開始、停止、または重要な変更
・学校組織に関する方針の決定と変更
・職員の採用と罷免に関する規則の決定と変更
・学校管理職者の採用と罷免
・理事会メンバーの採用と罷免
・管理職チームの役職、内容分担の決定と変更
・生徒の入学・退学の方針についての決定と変更
・実習生を教育活動に参加させる場合の方針の決定と変更
・休暇規則
・校舎の新設や増改築に関する決定
・学校の施設の維持管理方針の決定と変更
・昼休みと放課後の学童保育施設に関する決定と変更
・監督者・監督組織・理事メンバーに求められる能力基準の決定
・学校支援職員の能力基準の決定と変更

んやおばさんもいるだろう。そう考えると、一人の子どもの周りには、10人、20人といった大人たちがいるんだ。学校の生徒数が250人だとしたら、3000人くらいの大人たちが、子どもを通じてその学校と関係があることになる。大人たちは、いろんな仕事や趣味や特技をもっているだろう。そのリソースを利用しない手はないじゃないか」と話してくれました。

実際、教職員は、教育の専門家ではあるけれど、農業、林業、漁業、大工仕事、工芸や工場生産の技術、さまざまな企業や組織の経営やリノベーション、専門職やアーティストの仕事などについてくわしく知っているわけではありません。子どもたちの周りには、人々の日々の生活を支えるさまざまな技能をもつ人、医師や歯科医、獣医、大学教員、建築家、編集者、作家、ジャーナリスト、歴史家、芸術家など、さまざまな専門職についている大人もいます。教科書やインターネットで二次情報を探すよりもはるかに興味と好奇心をそそる、生きた、アップデートされた情報を、この大人たちから直に受け取ることができるのです。

こうした保護者の経験や知識を学校教育の中に活かしていこうという動きは、少しずつですが、オランダでも広がっています。もちろん、保護者らがもつリソースをどう用いるかの枠組みは、教育の専門家である学校の職員チームが決めるものです。それは、その学校の教育ビジョンに照らして、必要に応じて保護者の要望を聞いたり、保護者に理解を求めたりしながら、位置づけられるものでなければならないからです。手放しで、誰でも学校に来て子どもたちに何でも教えてください、というわけではありません。そのためにも、保護者が、学校の理念や方針を理解し、それに共感して学校を選んでいることは、教職員と保護者が結束して子どもたちの育ちを支援するための重要な基盤となります。

教職員や保護者が一体となって子どもたちの発達にかかわっていくためには、学校の管理職はどんな役割を果たすべきでしょうか？

A.

校長は、学校関係者全体に対してリーダーシップを発揮する「スクールリーダー」になるべきです。

船長として舵を握る——ビジョンを体現する

オランダで学校チームを指導しているアドバイザーたちは、学校を多くの乗組員のいる船にたとえて、学校の状況を見直してみるようにとよく言います。そうすることで、学校の現状を教職員らがどう見ているかが可視化でき、組織の問題を見つけられるからです。もちろん、船長は校長です。学校がうまくいくかどうかは校長次第なのです。

船長はどこまでも続く海原の上で、コンパスを使って進路を見定めて舵を切り続けます。同じように、大きな自由裁量を認められているオランダの学校では、校長が学校のビジョンを自ら体現し、いろいろな方向から起きてくる問題の荒波を乗り越えながら、つねに進むべき方向を指し示していきます。微に入り細に入って教職員を管理しようとする「マネジメント型」校長は、教職員はもとより、行政も好みません。

教職員の「盾」となる

同時に校長は、教職員がさまざまな雑音に惑わされることなく、教育者として子どもの指導に集中できるよう、教職員の「盾」になるべきだともよくいわれます。教育行政の末端を担い、外から指示されるまま教職員の言動を報告したり管理したりする「管理職」としての校長とは真逆のあり方です。

学校の独立性が高いオランダでも、当然、行政指導は入ります。教育監督局が毎年議会に提出する教育白書には、国内の学校の現状とともに問題点も示されます。学校教育の弛みない向上のためには、公正で客観的な診断書が必要です。また、ＥＵは独自の教育方針を掲げていますし、ＯＥＣＤやＵＮＥＳＣＯなどの国際機関は各国の教育の成果についてしばしば比較調査を行っていますので、オランダの教育が他国に比べてどのような状態にあるかは常日頃から学校への要請として聞こえてきます。たとえば、子どもたちの国語能力が他国に比べて低い、肥満児が多い、などといったことです。同時に、保護者からの要望や苦情、突発的な事故、外部の組織との連携など、学校には、つねにさまざまな問題や課題が起きています。

しかし、こうした課題をそのまま教職員に提示して解決を迫るのではなく、然るべき方針を定めて、相談しながら教職員を組織するのが校長やそのほかの役職者（副校長、学年主任、特別支援教員、苦情担当教員など）の仕事です。

もちろん、全国的な課題に対しては、先述の教育サポート会社が、プロジェクトを立ち上げたり重点的な研修を組織したり（国語力強化や体育推進など）して学校を支えます。

適材適所と「信任」

先に校長を船長にたとえましたが、チームスポーツのコーチ、あるいはオーケストラの指揮者にたとえることもできるでしょう。それは、個々の教職員の力を育てながら、チームが全体として最大限の力を発揮できるように適材適所を考慮して、それぞれに役割を信任するという意味です。このことを、教育監督局から優秀校に選ばれたことのある小学校の校長は、「教職員をただの人の集まりとみなすのではなく、システムにすることだ」と言いました。また、それを自転車にたとえて、「自転車には、ハンドル、車輪、チェーン、荷台、ランプ、ブレーキ、ペダルなどいろいろな部分がある。それらがバラバラに部品として集められているだけでは自転車は動かない。各部品が然るべきところにあって、適切に組み合わされて初めて前進できるようになるんだ」とも話していました。

そのためには、校長と教職員の関係は、古い学校によくある一対一の関係であってはならないのです。そうではなく、個々の教職員に持ち場を与え、その役割を責任をもって担えるように信任すること、教職員一人ひとりの強みや弱さを認め、互いに補い合いながらチームとして教育活動を効率的に実践できるようにしていくことが求められます。

信任してもうまくいかないこともあるでしょう。校長には、そうした場合に、自らサポートしたり、経験のあるほかの教職員と組み合わせるなどして、一人ひとりの教職員が責任をもって仕事を担えるように育てていく役割もあります。これは、教室で、教職員が、一人ひとりの生徒の主体性を育てていくのと同じです。

教員や保護者同士がポジティブにかかわり合えるように

オランダの学校の校長は、教職員や保護者からいつでもアクセスしやすいところにいます。毎朝、校門や校舎の前に立ち、子どもを連れてきた保護者とちょっと声をかけ合っています。また、授業時間中にも、しばしば校舎の中を歩き、廊下やふらりと訪れる教室で、教職員たちに気軽に声をかけています。教職員の中には、家庭の事情があったり仕事がうまくいかなかったりして苦しんでいる人もいます。そうした教職員の肩を叩き、慰めたり励ましたりしている校長の姿を、私はいろいろな学校で何度も目にしました。

学校は、校長の雰囲気一つで変わります。校長が教職員や保護者に率先して明るくかかわっている学校では、教職員同士、教職員と保護者の関係も和やかになります。学校活動への保護者参加もそのための一つの手段といえるでしょう。バザーやキャンプ、発表会に保護者を招待すること、始業や終業の日に教職員が舞台に上がり子どもたちや保護者のために演劇やバンド演奏をするといったことは、教職員や保護者の出会いの機会を増やします。そして、誰もが肩書きにとらわれることなく、自分らしくかかわれることにつながり、互いの不信感を拭い去る機会になっていくのです。

第5章

〔鼎談〕公教育の構造転換を目指して

合田哲雄・リヒテルズ直子・苫野一徳

合田哲雄（ごうだ・てつお）

文化庁次長。1970年生。1992年旧文部省入省。福岡県教育庁高校教育課長、NSF（全米科学財団）フェロー、文部科学省初等中等教育局教育課程課長、同局財務課長、内閣府・審議官等を経て現職。兵庫教育大学客員教授。単著に『学習指導要領の読み方・活かし方』（教育開発研究所）、共著に『学校の未来はここから始まる』（教育開発研究所）、『探究モードへの挑戦』（人言洞）などがある。

同質性と権威主義、リーダーシップの不在

苫野　合田さん、リヒテルズさん、本日はよろしくお願いします。
合田　こちらこそよろしくお願いします。貴重な機会をいただき、ありがとうございます。
リヒテルズ　よろしくお願いします。合田さんとは、以前、私からご連絡して、日本とオランダの教育行政の違いなどについてお話しして以来ですね。
苫野　それでは本書のまとめとして、この3人で鼎談を行っていきたいと思います。まず合田さんから、本書の1〜4章を読んでいただいたご感想を伺えるでしょうか。
合田　とても興味深く読ませていただきました。私はこの本に書かれたお二人の考えに、強く賛同しています。今後、霞が関における残された職業生活を通して、お二人がこの本で示された方向性を踏まえて公教育を再構築することができたらと考えています。強く賛同している理由は、二つあります。

一つは、明治5年の学制公布以来、現在まで150年以上にわたり続いてきた、「みんなと同じことができるようになる」ことを第一の目的とした公教育のあり方に、私自身が違和感を抱いてきたからです。私は子どもの頃から過集中な傾向があったと自覚していて、好きな科目・得意な単元は熱心に取り組むけれど、それ以外は放ったらかしという子どもでした。「好

き」をあきらめさせて、「嫌い」を無理強いし、総得点を上げるという学校教育のゲームには、最後まで馴染めませんでした。他方、霞が関の同僚は学校教育の勝利者たちです。記憶力のいい人、我慢強い人、あるいは主体性がないと言えるほど素直な人には、このシステムはとても合っています。しかし、多様性のない組織や社会は息苦しいし、弱いですね。だからこそ、「みんなとは異なることに意味や価値がある」ことを前提としたこの本の方向性に賛同しています。

もう一つの理由は、現在の国内外の動向に強い危機感をもっていることです。国内の災害、世界的なパンデミックや経済の混乱、ヨーロッパでの戦争、これらはまさに１００年前の状況に酷似しています。当時、優秀だけれどもお金がない家庭の子どもは、男性の場合は軍人か教師になるしかなかった。女性の場合はフルタイムで働ける職業がきわめて限定されていたこともあり、女子師範学校に行くしかなかった。そのような背景の中でとびきり優秀だった教育者たちは、文部省に言われたからではなく、自らの意思で、子どもたちの特性や関心を重視した学びを重ね、一人ひとりの子どもの力を引き出したいと考えていました。その一つのピークが大正自由教育で、ほんとうに素晴らしい教育実践だったと思います。ところがスペイン風邪、関東大震災、昭和恐慌を経る中で、教え子たちが身売りされていくのを目の当たりにして、子どもたちの力を引き出すどころの話ではなくなってしまった。権力がむき出しで可視化され、それに従わなければならないという同調圧力の時代になっていった。この状況は、いまと重なる点もありますよね。

他方で、私はドナルド・トランプ支持を叫ぶアメリカ市民を短慮だと一方的に批判するのも間違っていると思います。行政、メディア、企業、労働組合、与党や野党などをリードする首都圏の専門職エリートは、同じような階層や学歴を背景に、グローバルな発想を共有するといった同質性を強めています。この同質性がデモクラシーにおけるチェック・アンド・バランスを機能不全に陥らせると、グローバリズムの暴走に歯止めがきかなくなり、地方で固有の歴史や文化を足場に生きている人は、グルーバルな理念に生活や尊厳を奪われてしまう。これらの人たちがトランプを支持するしか自らの意思を表現する手段がなくなっている構造自体を変えなければなりません。不完全な人間がそれでも意思決定から逃れられないからこそ、過去の知的蓄積と向き合い、公正や個人の尊厳の重要性を実感すること、二項対立を乗り越えて対話し考え抜くこと、誰からも支配されず誰をも支配しない対等な市民社会の構成員として必要な共通性（基礎学力）を身につけること――そのような役割を担う公教育が、民主制の基盤だと思います。

リヒテルズ　この本の出発点にあった問題意識は、市民とは何か、民主制とは何かということでした。私も苫野さんも教育の実践にかかわってきましたが、その中で、教えている側に無意識のうちに沁み込んでいるメンタリティに注意を向ける必要を感じるようになったのです。

合田さんがおっしゃった、首都圏出身のエリート官僚ばかりになっている状況と少し似たことが、教育実践の場でも起こっています。教育改革を実践している側が、自分たちだけがわかっているという意識をもって指導者として上に立ってしまい、自分自身や仲間の中に無意識に植えつけられてきた見方・考え方を批判的に見直すことができない。非常に権威主義的になり、また周りもそうした指導者を求めてしまう。この状況を変えていきたいものです。

本物のリーダーシップとは何なのか？　日本ではほんとうの意味でのリーダーが不在で、権威主義に走ってしまいがちです。各人が責任をもって「自由」を行使できるために、どんな組織やメンタリティが必要なのかということです。

多くの人は、解放としての自由、つまり"Freedom from"ばかり考えているようですが、それだと権威主義に引っ張られた集団の中で自分の考えを言えないし、引っ張ろうとしている側も自分のビジョンが語れない。大事なのは"freedom to"を考えること。そしてその時に、自分が自由の中で選んだ選択肢に責任をもって取り組むということです。

教育改革の「四度目の正直」を実現するために

苫野　リヒテルズさんのおっしゃったことはまさに本質的なお話ですね。現状を変えていくには、制度の面と、草の根的な実践の両方が必要です。合田さんは制度の面を担当し、私たちは草の根的なところにかかわってきたわけですが、この両輪をどう嚙み合わせていけばよいか、今日は考えていきたいと思います。

そのために、まず合田さんのご意見を伺ってみたいと思います。合田さんがよくおっしゃっている「四度目の正直」を、どうすれば実現できるかということについて。

合田　私が言う「四度目の正直」の最初は、先ほど述べた100年前の大正自由教育です。これは文部省が進めたものではなく、各地の教員たちが、「子どもには可能性があるのだから、それに火をつけて開花させようじゃないか」と起こした自生的な動きです。デューイなどにも触発されながら、全国で同時多発的に革命的な学びの転換が起こりました。ところが、パンデミック、震災、不況といった状況の中で、反転が生じた。むしろ、子どもを強く育てて、「戦士」にしなければならないという風潮になりました。

二度目は75年前の戦後新教育です。しかしこれも、高度経済成長、工業化の時代にあって、「みんなと同じことができる」「我慢強い」大量の工場労働者とホワイトカラーが必要だという社会的な背景の中で、失速しました。失速へと舵を切ったのは、当時の文部省と通産省、そして学力低下を懸念する世論でした。

三度目は、1998年の学習指導要領の改訂、いわゆる「ゆとり教育」の実現に向けた動きです。しかしこれも、OECDの国際学習到達度調査（PISA）2003で日本の子どもたちの学力が有意に低下したことが発表され（2004年のPISAショック）、見直されました。

そして、今回が四度目。四度目の正直です。問われているのは、われわれ大人の意志です。

みんなと同じことができることが重視される社会は、息苦しいけれど、ある意味では居心地がよく、とくに歳を重ねるほど威張ることができます。だから、変えようとしなければ、そのまま続いてしまう。しかし、それでわれわれは未来に対して責任を果たしていると言えるでしょうか。志のある若者はどんどん海外に流れていくでしょう。日本という国を、「かつてアジアに一時期隆盛を極めた国があったよね」という歴史上のエピソードで終わらせるのか、それとも、小さいけれど世界で存在感のある成熟社会として輝く国にするのか。私たちはいまその分水嶺に立っていると思います。

教育制度について言えば、学校という組織に着目したサプライサイドの発想から、子どもたちの学び、教育プログラムを重視したデマンドサイドを基底に据える転換が必要だと思っています。150年前にそれまで日本に存在しなかった学校を定着させるには、「学校とはこういうものだ」という組織に着目した教育制度が不可欠でした。しかし、今年は学制公布151年目。「ポスト学制150年」で重視すべきは、組織ではなく教育プログラムだと思います。

苫野　それこそがフォーカスすべき課題だと私も思います。デマンドサイドと言っても、もちろん、「公教育は一人ひとりの私益にのみ適うものであれ」ということではありませんよね。人それぞれ、学ぶペースも、合った学び方も、興味関心も大きく異なっている。そのことを基底にしないと、そもそも意味ある教育は原理的にできないということです。そのための「教育プログラム」を、本気で考えていこう。そういうお話だったと思います。

また、これも合田さんがつねづねおっしゃっていることですが、イノベーションと言うと、特異な才能をもった人間が起こすものだというイメージがあるけれど、実は公正な教育こそがイノベーションの土台になるんだと。この言葉にはしびれました。一部の子どもたちだけの利益になる教育ではなく、すべての子どもの自由な生に資する教育を実現する。これは公教育の決して見失ってはならない本質ですが、イノベーションの観点から言っても、やはり重要な本質なんですね。

経産省が教育改革に乗り出してきた時、多くの教育関係者が警戒しました。一部の経済エリートを育成する教育に、国は力を入れようとしているのではないかと。だからこそ私は、産業構造審議会の委員をさせていただいた時、何が公教育の目的なのかということを毎回必ず確認することを大事にしました。そしてそれはつねに合意されていたと思います。「三度目」までは、その作業が十分ではなかったと私は思っています。だから、改革の軸がなかった。そのために右往左往した。何のための公教育なのかという点にしっかりと立ち戻ることが、「四度目の正直」を成功させる鍵になると思います。

他方で、経産省はもちろん、イノベーティブな人材育成にも関心があると思います。でもそのためにこそ、公正な公教育が改めて重要になる。経産省と二人三脚で教育構想を進めてこられた合田さんがそう言って底を敷いてくださることは、やはりとても心強いことです。

競争主義的で権威主義的な「都市型エリート」という話についても、一言コメントさせてください。私はいま、熊本市の教育委員を務めているのですが、そこでは都市型エリートのやり口は通用しないというか、まったく別の可能性が豊かにあると思っているんです。たとえば、現在、学校の統廃合に伴い、小中一貫の義務教育学校をつくることになっているのですが、教育委員会では「学校づくりに子どもが入らないなんてありえない」という話になって、子ども、保護者、教師、そして地域住民みんなで学校をつくろうとしています。

私自身、そうした対話に参加する一方、専門家として、このプロジェクトにはどんなワクワクできる可能性があるか、情報提供などもしています。たとえば、福島県大熊町の義務教育学校、学び舎ゆめの森。ここには、認定こども園、義務教育学校のほか、大学のサテライトや、教員研修ゾーン、市民向けのライブラリーなどがあります。私は長らく、学校をもっと「多様性がごちゃまぜのラーニングセンター」にしていこうと言ってきましたが、そんな公立学校が少しずつでき始めているんですね。学校にもっと多様な人が集まって、対話を通して、自分たちの学び場をより豊かなものにしていく。そんな経験を積んだ市民が増えれば、この社会はきっともっと生きやすく楽しいものになる。そんなふうに考えてワクワクしています。

教員の質を変えるには

リヒテルズ　合田さん、苫野さんのお話を伺って、いろいろ話したいことが頭に浮かんできました。

まず合田さんの「四度目の正直」の話ですが、大正自由教育が世界的な流れの中で起こり、戦後新教育が工業化のために進んだ、オランダもここまでは日本と同じような道を歩みました。しかし三度目から違う道を歩みます。それは地政学的な立場の違いがもたらしたのです。中国とソ連が目の前にあった日本では、1955年体制ができあがった。一方、ヨーロッパという大きなつながりの中でこれに対処しようとしたオランダでは対応が異なります。いまにも起こりそうな核戦争に対して、前例のない中では自分たちで何とかしないといけないという危機感から、オランダでは教育のあり方を変えてきたのです。いま、日本で「四度目の正直」が可能かもしれないと期待がもてる背景には、国際情勢の変化があるのではないかと思います。アメリカと中国が接近するのか離れるのか、ロシアの対応をどうするのか、ものすごい勢いで世界は変化している。もはや、日本はアメリカのみに頼ればいいという状況でないのは明らかです。その中で教育のあり方を考えねばなりません。

合田さんは、これからの教育改革を考えるには、教育プログラムを変える必要があるとおっしゃっています。私はそれに加えて、教員と子どもの関係、また、教育行政の管理のあり方を変えることを本書で提案しています。従来の教育プログラムは知識の束を与えることだった。そうではなくて、私の関心は、授業の中で、教員と子どもがどのような関係をもてば、子どもたちが主体的市民に育つのかということにあります。

公正な教育制度とは何かと考えた時、それは公正な教育と関係があるわけですが、平等な教育と公正な教育とは異なります。すべての子どもたちを同じ管理で縛るのが公正なのではない。教育行政も同様で、各学校が独自の状況に応じてある程度の自由裁量権をもって動ける環境にすることが重要です。つまり地域性、あるいは各学校の背景、地域の経済力、労働環境、そうしたものに見合った学校教育ができるかどうかです。そうなると、各学校に信任するしかない。上からの管理ではできないのです。

にもかかわらず、文科省が手を緩めにくいのは教員の質に不安があるからでしょう。率直に言って、教員の質には非常に問題がある。古い世代がいなくなって、どの自治体も教員不足で、競争はほとんどない。また、心身を病んでいる教員も少なくありません。そうした教員たちをどう支えていくのか。

ですから、私は教員に対するインプットが必要だと思います。ゆとり教育が失敗したのは、新しいやり方に取り組むための知識やスキルを磨く機会を教員たちが欠いていたからです。教員を下支えする仕組みがあまりにも貧しいのが現状ではないでしょうか。

合田　リヒテルズさんのお話で、自分の頭の中でぼんやりしていた思考が可視化された感じがします。改めてこの貴重な機会に感謝申し上げます。

イノベーションについてですが、私はイノベーションを技術革新と訳すのは誤解を生むと思っています。イノベーションとは新結合、つまり異なるものを結合して新しい価値を創出することで、多様性を前提とした概念です。だからこそ、同調圧力と正解主義はイノベーションの大敵であり、多様性を前提とした公正な公教育はイノベーションの土台です。

先ほど申し上げた通り、現在の学校教育法はいわば「学校組織法」で、学校という組織に着目し、サプライサイドに立って組み立てられています。私の言う教育プログラムとは、これをデマンドサイドに組み換え、一つひとつの教科や授業を前提に、子どもたちが自らの関心や特性に応じて学びを組み立てていくという学びの原理を、学校教育法に組み込むことを意味しています。

その時にしっかりと考えなければならないのは、「子どもたちのデマンドに任せるだけでいいのか」という指摘です。もちろん、子どもたちの現時点でのデマンドが何でも正しいとは思いません。たとえば、PISA調査によると、日本の15歳の女性の生徒たちの数学的・科学的リテラシーはOECDの中で断トツに高いのです。ところが高校生になると、普通科理系で学ぶ女性は同世代の16％にまで減ってしまい、大学の理工農系で学ぶ女性はわずか5％になってしまう。この女性の選択をデマンドだからと肯定するわけにはいきません。なぜなら、この選択の背景には、「女性は文系」といった社会的・文化的バイアスなどの構造があるからです。ここは政策的に転換しなければなりません。また、自由の相互承認や公正さ、個人の尊厳が尊重される社会、多様性における新結合といった公教育の目的のために必要な共通性（基礎学力）を習得できるように工夫することも、ほんとうの意味でのデマンドサイドに立った教育ですし、ここにこそ教育の難しさや面白さがあると思います。

1989年や98年の学習指導要領改訂を通じて、当時の文部省は、「教師は指導者ではなく支援者である」「教え込みはいけない」といささか教条主義的に強調しました。何のために公教育があるのかという原点が見失われたことが、「ゆとり教育」の蹉跌の背景にあります。「公教育の目的」をしっかり踏まえ、「教育プログラム法」として学校教育法を捉え直す必要があると思っています。

そのうえで、リヒテルズさんがおっしゃった教員の質の問題ですが、教師の仕事とは知識を子どもに伝えること以上に、子どもたちの特性や関心を踏まえた学びを展開し、その力を引き出すことにあるとすると、研修以上に、いまの教員養成、免許制度や教員採用を一体的に見直す必要があると思います。優秀な人を選抜するパイプラインであったこれらの制度が、社会の構造的変化の中で優秀な人の参入を妨げるボトルネックになっている。教員免許をもっている人が教員になりたがらず、逆に多様な専門性をもち教育への思いのある人たちが免許がないために教員になれないという構造です。子どもたちのさまざまなデマンドを引き出すためには、教員集団も多様である必要があります。経歴も学びも専門性も多様な教員が学校を構成してこそ、学校自体の機能が高まり、社会的な信頼の向上につながると思います。

教科書、学習指導要領の課題

リヒテルズ　教員採用制度そのものを変えなければいけないというお話ですが、それは教科書についても言えるのではないでしょうか。検定教科書をつくるために、相当の労力や資金をかけていると思いますが、できあがった教科書を見ると、実に中味が薄い。オランダの教科書は教え方とか、子どもにどう刺激を与えるかなどに力が注がれていて、現場の教師が状況に合わせて選んだり、自分なりの変更を加えられる授業の方法などがまとめられています。日本の教科書出版社は、一律の教科書づくりに力を入れるのではなく、教員たちに選択肢を与えるような本づくりのためのブレーンをもっと集めてくる必要があるのではないでしょうか。

私の理解では、教師の専門性は子ども学的知識と教授法とに限られています。一方で、保護者は自分の子どもを愛してやまない人たちです。また、保護者は、それぞれさまざまな分野の専門家です。その中で、学校が子どもたちの成長をどう見守っていくのか。保護者に学校の中で発言できる機会を与える、そして教員たちが保護者の考えを聞くことができる力をもつ。そのためには、教員が自分たちの専門性に確信をもち、組織として動ける力を身につける必要があります。

学校は社会を鏡のように映し出す場です。そこには教員だけがいるのではなく、保護者にも参画を促して、風通しのよい環境で、ミクロな社会モデルを創り出すようにしたい。その可能性は大いにあると思います。

合田　リヒテルズさんがおっしゃるように、親は子どもに対する無限の愛情という明確なディレクションをもっている。だから強い。親の愛情は子どもたちの成長の土台であると同時に、教育上の課題の背景となっている場合もある。子どもを育むのも親の愛情であるし、スポイルするのも親の愛情だと言えるでしょう。

それに向き合う教員には専門性が必要ですが、いまの教育学部の教育で問題なのは、その専門性の範囲が必ずしも明確でなくなっていることです。さまざまなタイプの専門家が学校で子どもたちと向き合うことが求められているのに、いまの教員免許制度は、すべての教員が同じことができることが前提になっている。親の愛情としっかり対話するとともに、必要に応じ親の専門性を子どもたちの学びに活かすためには、それぞれの教員がエッジの効いた多様な専門性と公教育の目的についての信念といった譲れない軸をもつことが必要だと思います。

こうした中で一つ重要なポイントはデジタル化、ＤＸです。私は、教育関係者のみなさんに、西山圭太さんの『ＤＸの思考法』（文藝春秋、２０２１年）を読むことをお薦めしているのですが、ＤＸにおいて、インフラや技術よりも重要なのは思考法です。教材は自分で一から手づくりすべき、授業でYouTubeを使うのはダメといった自前主義の発想は、ＤＸの思考法の正反対で、親との協働も阻むことになります。

最近よく耳にするようになった「アジャイル・ガバナンス」という言葉がありますね。あらかじめ決められたコースをまっすぐ歩むのではなくて、デジタルを活かして「人の褌」で相撲を取ってみて、状況を踏まえ軌道修正する。学校は、先生も子どもも安んじて失敗が許される場です。子どもに関することだから失敗が許されないと自縄自縛に陥ってしまったら、改革は絶対できませんね。デジタル化により、結果を踏まえた軌道修正を短いスパンで行いながら挑戦と進化を重ねることが可能になっています。

これまでは、文科省、県教育委員会、市町村教育委員会、校長会、学校という縦並びの構造でした。それがデジタル化によって、保護者や子どもを含め、同心円状に関係者が並んでいて、SNSなどで縦横無尽につながりながら、それぞれが必要な情報をどんどん取り入れて、最適解を求めて挑戦を繰り返す。それが国の教育政策のうねりにつながると思いますし、その際の重要なツールの一つが、リヒテルズさんが言及した教科書、とくにデジタル教科書です。

現在、国が教科書無償化のために投じている予算は年間約500億円ですが、デジタル化したら不要になると考えるのではなく、より質の高い教科書に向けて、調査研究や編集といったソフト面への投資が可能になるよう予算のあり方を組み直していくことが必要ですし、デジタル教科書の新しい可能性に意欲を感じている教科書出版社もあると思います。

苫野　いまの話を突き詰めていくと、そもそも検定教科書を使う意味があるのかという話にもなりますね。

合田　学習指導要領と検定教科書はセットの構造になっていますから、デジタル化によってそのあり方を見直すことも必要だと思います。それぞれ学校教育法に規定された制度ですから、その見直しには国民的な合意が必要になりますが、個人的には、10年に一度学習指導要領を大改訂するというサイクル自体が今後デジタル化によって相対化すると考えています。その中で、多様性を活かすための共通性（基礎学力）の確保や子どもたちの特性・関心に応じた学びのために、教科書を含めた教材の役割をどう構想するかですね。

その際、インターネット時代の現在では、流通している情報や文章が事実かどうかを一人ひとりが確認しなければならないことも大きなポイントです。２０１８年のＰＩＳＡ調査では、情報の真偽を確かめる問題が出題されました。世の中に溢れている情報の妥当性を検証する能力が大人はもちろん、子どもたちにも必要なわけで、そういう観点からも、教材や授業のあり方は考え直されるべきだと思います。

苫野　２０２２年、デジタル庁が、関係省庁とともに「教育データ利活用ロードマップ」を出しました。そこでは、「誰もが、いつでもどこからでも、誰とでも、自分らしく学べる社会」が謳われています。これまでは、子どもたちを学校に一律に来させることで、教育機会の均等を実現することが目指されてきました。でも、学校に来なければ学べない時代は、とっくの昔に終わっています。「誰もが、いつでもどこからでも」学べる時代は、これから加速度的に進んでいきます。

ただその際に大事なのは、何のために、何を、どのように学ぶことを「よい」と言えるのかという、やはり本質なんですね。このことは何度も繰り返し訴えなければならないと思っています。何のために？　他者の自由を尊重・承認できる自由な市民を育むために。何を？　そのために必要なことを、大人の責任でしっかり見定めつつ、次の時代を生きる子どもたちとの対話を通してつねに考える。どのように？　一人ひとりの学びのあり方が尊重されつつ、対話的に。異なる他者が、相互承認と相互尊重を大事にした場で学び合える環境をつくることで。

先ほど合田さんは、DXにおいて重要なのは、インフラや技術よりも思考法であるとおっしゃいました。私も、その底に、どんな思想、どんな原理を敷くかが最も重要であると言いたいと思います。

リヒテルズ　オランダには教員たちの間で実践を交換する仕組みがあるのに、なぜ日本にはないのかと考えていました。オランダにおける教育のデジタル化は非常に進んでいて、2000年頃にはすべての学校にコンピュータが導入され、10年くらい前には各教室にスクリーンが備えつけられました。教員たちはデジタルポートをつくって、自分たちの実践例をそこに集めて共有しています。

デジタル化とは、単に教員や生徒がiPadを使えばいいということではありません。教員たちの知見を交換し、協働して、新しい方法を自分たちの力で生み出すような活動を可能にする、また共有されたビジョンのもとで、数値ではなく質的な評価法を共有し合えるような、有機的で「学習する組織」を活性化する、それが本来のデジタル化の目的です。しかし末端のユーザーはデジタル機器を視覚的・聴覚的に使うことしか考えていない。だから安易にデジタル機器反対論が起きてしまう。たしかに、デジタル機器は、自分がそれをツールとして使えることが大事で、デジタル機器に使われてしまうことになってはまずい。ですから、教育行政の指導者などが、率先してデジタルツールのよりよい使用法の可能性を示し、教員たちがお互いの知見を交換し合えるプラネットフォームのような場をネット上に提供していくことも必要ではないでしょうか。

また学習指導要領の一番の問題点は、横並び的な発想に基づいていることです。子どもたちの認知的な能力にはバラツキがあるにもかかわらず、同年齢の子どもに期待される達成目標があらかじめ決められてしまっている。日本でもそうだと思いますが、オランダでも、幼児向けデジタル教材が普及していて、4歳で掛け算ができる子どもがいたりする。小学校に入る前に、学力面でも大きな差が生まれているのです。同年齢の子どもたちがみんなで一緒に同じことを学ぶように進める授業は、ほんとうに意味がなくなっている。それどころか、どの子の成長にも合わせられないという有害なものになっています。だとしたら、デジタルツールを用いて、どの教科に関しても、易しいものからより難しいものへと系統立て、それぞれの子どもの現時点の発達段階に合わせ、下から上に順に発達を重ねていけるような仕組みを、教育行政の枠組みの一つとして用意する必要がある。オランダでは、小学校の終わりまでに最低限学ばなければばならないターゲットを決めて、子どもたちのレベルに応じて教える仕組みがつくられています。

それから情報リテラシーに関してですが、ここでも学び手を受動的にするやり方が先行しているように思います。受け手のリテラシーについてはかなり議論されていますが、送り手のリテラシーはあまり問題になっていません。そのために、どこまでが「事実」で、どこからが「意見」かを区別する訓練ができていない。市民は無数にある情報の中から信頼できる情報を選択する力をもつ「受け手」であると同時に、何が事実で何が意見なのか、また自分の意見なのか他者の見解（受け売り）なのかを峻別して発信するという「送り手」としての責任ももたなくてはなりません。

苫野　合田さんは二度にわたって学習指導要領の改訂に携わられていますね。一学年ごとの学習指導要領や標準授業時数などの弾力化、もしくは撤廃の可能性については、どのようにお考えですか？

合田　10年に一度の改訂サイクルが変わらなければ、次の学習指導要領の改訂は２０２７年頃が見込まれ、一人一台の情報端末を提供するＧＩＧＡスクール構想が実現してから初めての改訂となります。情報端末を使って太陽系を三次元で見ることができるといった視覚的な革新も大事なことですが、子どもたち一人ひとりの特性や関心に応じた学びが可能になり、子どもたちが教科書に追われるのではなく、自らの学びを自ら調整し組み立てる重要なツールが共有されたことがより本質的です。一人ひとりの子どもたちには、読む、書く、話す、聞くといった領域ごとでも得意・不得意があります。また、準備に余念のない慎重な子もいれば、注意が拡散する子もいれば、私のように好きなことにのめり込んでしまう子もいる。そういう多様な子どもの個性を等閑視して、これまではもっぱらペーパーテストで、文字を読んで書くという能力のみを測ってきた。GIGAスクール構想の目的は、この学びの転換です。

個別最適な学びと協働的な学びは一体的に充実させる必要があります。その個別最適な学びには三つの側面があると思います。すなわち、第一は、リヒテルズさんがおっしゃったような自由進度学習、第二は、困難に直面している子どもたちの状況に応じた学びの時間的・空間的な多様化、第三は、個々の子どもたちの興味や関心に応じて学びをどんどん深掘りできること。この三つを協働的な学びに循環させ一体的に充実させる観点から、今後、学習指導要領は見直されることになると思います。

2022年6月に総合科学技術・イノベーション会議が決定した「政策パッケージ」には、次の改訂のポイントとして「教科の本質等を踏まえた教育内容の重点化と教育課程編成の弾力化」が明記されています。社会構造の複雑化や研究の進展によって教える内容が増加する中、教科の本質を踏まえた深い学びを行ううえでコアとなる内容に重点化しなければなりません。個別最適な学びと協働的な学びの一体的な充実には学びの個別性の重視が不可欠で、教育課程編成の弾力化も重要なポイントです。「できたらいいな」と思われてきたことが、いま実現しようとしている。これまでの日本の教育界の厚い蓄積がデジタル化によって大きく開花しようとしていると思っています。

苫野　私はこの10年ほど、「学びの個別化・協同化・プロジェクト化の融合」の理論と実践を示してきました。10年前は、そうした学びの姿を学生や先生方に具体的に知ってもらうには、オランダなどに視察に行かなければなりませんでした。もちろん日本でも、それこそ大正自由教育の時代から、こうした実践は細々と続けられてきたんですが。でも、いままでは、文科省が「個別最適な学びと協働的な学びの一体的な充実」や「探究」ということを前面に出したこともあり、日本でもいっそう多くの実践が広がっています。

実は制度的には、こうした実践の実現を妨げるものはほとんどありません。ただあえて言うなら、先ほど触れた学年ごとの学習指導要領と標準授業時数だけは、弾力化する必要があると思うんですね。文科省が「個別最適な学びと協働的な学びの一体的な充実」を打ち出した以上、遅かれ早かれそれは手をつけなければならないと思っていますが、合田さんのお話を伺って、「四度目の正直」に向けた希望がいっそう膨らみました。

教員養成のこれから

苫野　今日たくさん出された論点の中で、私が気になるのはやはり教員養成です。ここまで議論してきた、ＤＸの思考法や、その底に敷かれるべき公教育の本質を土台にした教員養成がはたして行われているかと言うと……。

私は教育学部1年生の「教職入門」の授業には毎回ヘトヘトになるほど力を入れているのですが、この授業の後半では、１２０人くらいの学生が、個人やチームでさまざまなプロジェクトに取り組んでいきます。この本で議論してきたようなさまざまなテーマについて、自分たちの関心に基づいて、本を読んだり、視察やインタビューに行ったりして、自分たちなりの発見をしていく時間です。で、この学生たちのプロジェクトのサポートをしてくださる外部の方々をFacebookで募集したら、なんと２００人もの方がサポーターバンクに登録してくださったんです。視察やインタビューなどに来てくれていいよって。すばらしい実践をされている先生方や、校長先生、教育委員会の方、教育長さんなんかも登録してくださいました。こんなにも多くの方が、大学生をサポートしたいと思ってくださるのはほんとうに嬉しいことだし、希望をもてることです。学生たちは、自らどんどん外に出て、いろんな現場を見させていただいています。

学びというのは、こうしたさまざまなネットワークの中で起こるのだということを、学生たちには体で味わってほしいなと思っています。だからもっともっとプロジェクト化していきたい。ただ、システムとしてはいまだに、ガッチリと決められた内容を、決められた時間割の中で、一つずつ授業をこなすというものになってしまっているんですよね。与えられたプログラムを一つずつ修了していけば、教員免許状を与えますよ、という。

リヒテルズ　伺っていて、新しい取り組みがどんどん行われていることに大変期待が膨らみます。同時に、これまでの日本の教員養成はきわめて個人単位で行われてきたのだと改めて思いました。オランダでは、教育たちが学校という組織の中でどう動くかに力点が置かれています。教員養成大学の学生は1年目から多くの時間、実際に学校現場に入って学びます。学校は、それぞれが立地している場の地域性によって生徒の質が異なり、ニーズも変わります。それに合わせたビジョンと方法が求められます。だから、学生たちは、実際にそれぞれの学校現場で教員たちがしているさまざまな工夫に触れ、組織の中で働くことを学んでいます。

また、現職教員の再教育にとてもお金をかけています。その大半はチーム研修で外部の専門家が第三者として入り、教職員チーム全体、あるいは、保護者も含む大人集団を対象に、学校組織の運営そのものを指導します。

日本の教員養成は、小学校の授業と同じで、教科書があって、黒板を使って講義をすることで終わっていないでしょうか。私が日本の教員や学生向けにやっている研修では、課題を出して、教員同士が話し合い、その進め方や対話の仕方を学びます。自ら頭を使って参加しながら学ぶ。そういう研修をしないと、学校現場で能動的に働きかけ、自分の頭で考えて工夫する人間は生まれません。

学校は一つの組織であり、社会です。その中で一人ひとりの教員はそれぞれ役割をもっている。その役割をどう協働させていくか。それを組織の成員がみな自覚できるようにしないと、各人が孤立し、個人主義に陥ってしまう。

苫野　親しくしている先生が、研究主任として、対話ベースの校内研修づくりを実践されています。そこでは、まず、自分はなぜ教師になったのか、どんな学校にしていきたいのか、子どもたちのどんな育ちにかかわりたいのか、といった青臭い話から始めます。そうすることで、普段は表面的にしかかかわれない先生同士が、より深いところで理解し合えたりするんですね。

それから、この学校で最も大事にしたいこと、その最上位目標を考える。話し合いの中で、みんなで合意した言葉を編み上げていく。そうすると、「自分も他者も尊重しながら学ぶ場にしたい」といった言葉が出てくる。それをさらに掘り下げていくんです。自分も他者も尊重しながら学ぶとはどういうことか、というふうに。そして、そのためにはどんな実践が必要か、また断捨離すべきことは何かなどを検討し、自分の持ち場で実践する。その経験を持ち寄って、フィードバックし合い、また対話する、といったことを一年以上続けられました。その過程で、担任かどうかにかかわらず、自分たちがすべての子どもたちの学びを支える存在であり、学校のつくり手であり、当事者であるという意識が高まったといいます。

草の根ではそういう活動が徐々に広がっているのですが、教員養成も、そうした対話ベースかつプロジェクトベースの学びを中核にしていきたいと思います。単なるおしゃべりではなく、「本質」を考え合うことを大事にした学びです。

リヒテルズ　オランダには現場の教員と研究者やベテラン教師とをつなぐ教員サポート機関があります。日本でもそういうものをつくって、授業型ではない、参加型・ワークショップ型の研修を努めてたくさん行うといいと思います。

合田　学制公布の頃には、記憶力と根気で頑張って、読む・書くという領域で自分の能力を示すことができたら、親の職業に縛られないで人生が切り拓けるという希望が輝いていたと思います。いまの教育システムは、教員養成や教員免許制度も含めて、このモードから転換することが喫緊の課題です。とくに、社会構造の変化による転職や起業は珍しくないといったキャリアパスの転換の中で、「一生教職」が標準的なイメージとして形づくられている教員養成や免許制度は、この観点からも見直す必要があるでしょう。

より根本的に言えば、「教育とは何か」の捉え直しが必要です。「これからの社会はこうなるから、この知識が必要だ」という議論は、率直に言って疑わしいと私は思います。なぜなら、いまの大人は未来社会がどうなるかと予測することはできず、次の時代は、目の前の子どもたちが大人を乗り越え、われわれが想像できないような文化や価値、アイデアや知識を生み出し、大きく塗り替える先にしか存在しないものだからです。では、なぜわれわれ大人は子どもたちに学びを強いているかというと、子どもたちが将来直面することが見込まれる絶体絶命なピンチにあっても、歴史的な見方・考え方を働かせて過去の経験の中に解決策を見出したり、理科的な見方・考え方を働かせて合理的な解決法を編み出したり、探究的な見方・考え方を働かせて深刻な対立から対話と協働を通して合意の糸口を手繰り寄せたりすることができるようになるからです。

創造性、公正、個人の尊厳が尊重される社会を形成するにあたって、重要な武器となる各教科等の見方・考え方を共有し、子どもたちに未来を託すことが教育の目的だとすると、教員養成や免許制度における教職の専門性を捉え直す必要があると思います。まず「教育とは何か」についての確固たる信念をもつことが重要です。また、ある特定の分野の専門家であってもいきなり教壇には立てません。学びとは何か、子どもの発達とは何かといったことについての知識や経験が不可欠だからです。だとするならば、今後の教員養成はすべてを教育学部でカバーするのではなく、他の学部の専門性をうまく活かして、教職の固有の専門性の確立を担うという役割分担が必要ではないかと思います。

苫野　おっしゃる通りですね。もしいまの時代に教育学部の存在意義があるとするなら、やはり、「何のための教育か」「何のための教師か」という、一番の本質を手放さないことだと思います。その土台を敷くのだという自覚です。さまざまな教科の知識や技能なんかは、他学部でも、また大学でなくたっていくらでも学べるわけです。でも、「何のための教育か」ということについてだけは、教育学部は絶対にその探究を手放さない。そして、そのためにどんな学びのあり方や教師のあり方、授業の方法などを身につけていくべきかを考え抜く。そうやって、あらゆる教員養成の現場の土台を敷く。そんな教育学部でありたいと思います。

総合学習で有名な、長野県の伊那市立伊那小学校では、先生方がつねに本質的な子ども観を共有しながら対話を重ねています。「子どもは自ら求め、自ら決めだし、自ら動きだす力をもった存在である」。この子ども観を軸に、つねに自分たちの実践を振り返っているんですね。教育学部もまた、そんな本質を問い合う対話や実践の場でありたいし、またそれこそが教師の最大の専門性であると私は思います。

リヒテルズ　どんな教育を求めるかを語るということは、私たちがどんな社会を求めるかを語るのと同じだと思います。私たちは教育を狭い範囲に押し込めすぎている。教育は人間形成であり、社会形成です。ですから、先生もそうですが、もっと広く、社会のさまざまな場にいる人たちが、どんな社会を求めているのかを語る機会を大事にしたいですね。

合田　課題も多いですが、私の実感として、とくにこの10年、状況がずいぶん変わってきたようにも思います。私が旧文部省に入った30年前には、「匿名の美学」が大事と言われていました。官僚も教育現場も、自分の名前が表に絶対出ないようにして、自分が異動したり退職したりしても教育の質を保てるようにしなければならないという意味ですね。私がいろんな媒体で発信していることはその美学に反していますが、いまでは多くの教師や教育長がどんどん発信するようになっています。こうした流れを当たり前にしていくためには、職務や立場、年齢などを超えてお互いが対等であるという感覚が重要だと痛感しています。理想論だという批判がありますが、お互いが対等であるという感覚の源泉は、異なる意見や思いもよらぬ発想を面白がることにあるのではないでしょうか。

　私自身、変わった子どもでしたし、決して先生から好かれる優等生ではありませんでした。しかし、小・中・高と私のことを面白いやつだと言ってくれる先生がいました。そういう先生との出会いがあったからこそ私は文部省に入るという選択をしました。考えもつかない、多くの人の虚をつくような発想をもっている人を受け入れる雰囲気がないと、新結合、イノベーションは決して生じませんよね。

　ある若い起業家が「老害は年齢とは関係ない。学びを止めた人が影響力を行使するようになった瞬間に老害が生じる」と言っていました。その通りだと思います。その意味では、学びを止めた人にとってはつらい社会、学ぶ意欲をもって面白がる人にとってはワクワクする社会を創っていきたい。そのことが結果的に、自由の相互承認につながると思いますし、外国から日本をみた時に、日本は若者が生き生きとし、年配の人も楽しく学んでいるし、属性・立場で不当に扱われない面白い国だと思われるのではないでしょうか。そのことが日本の未来にとって最も価値のあることだと思います。

苫野　異質な他者を面白がるためには、異質な他者と共に生活し対話を重ねる経験を積む必要がありますね。公教育がそんな場であれるよう、私たちみんなが、それぞれの立ち位置で、ワクワクを忘れずに、取り組んでいけたらと思います。今日はありがとうございました。

おわりに

苫野一徳

リヒテルズ直子さんと『公教育をイチから考えよう』を出版してから、早くも7年近くが経とうとしています。

幸運にも、前著は多くの方にお読みいただき、全国の学校、自治体、また学術の世界等でも、大いに参考にしていただけるものとなりました。文字通り、「公教育をイチから考える」気運が起こるささやかなきっかけにもなってくれたのではないかと思っています。

しかし、「教育改革」が力強く動き出している一方で、私たちには強く危惧されることもありました。

本書で繰り返し論じてきたように、学校は民主主義社会の最も重要な土台です。どのような教育改革、教育構想、教育実践においても、このことは必ず底に敷かれていなければなりません。

しかし近年の急速な「改革」において、このことはいったいどれだけ十分に共有されているでしょうか？　また、「改革」に何らかの形でかかわっている私たち自身は、本当に十分な民主的「市民」たり得ているでしょうか？

こうした問題意識を共有しながら、またそれらを自らのあり様にも問い返しつつ、私たちは本書をつくりました。

本書のタイトルは、『公教育で社会をつくる』です。

と、こう言うと、それは教育に過剰な期待をしすぎているのではないかと思う方もいらっしゃるかもしれません。

たしかに、教育は万能ではありません。教育を変えれば社会は変わるという言説はいたるところにあふれていますが、社会はきわめて複雑なもの。そんなに単純な話ではありません。

でも、だからと言って、「公教育で社会をつくる」ことそれ自体を否定してしまっては、本末転倒というものです。なぜなら、公教育の目的は、まさにこのことにこそあるからです。他者の自由を尊重・承認できる自由な市民を育むことで、この民主主義社会の土台をつくること。それこそ公教育の本質にほかならないのです。

同様に、「公教育で社会をつくる」なんて、また学校に過剰な要求をつきつけるのかと思われる向きもあるかもしれません。

でもこれもまた、本末が転倒しないように気をつけたいと思います。繰り返しますが、「公教育で社会をつくる」ことは、公教育の本質そのものなのです。もしこの目的を手放してしまったら、公教育は、各々の私的利益を満たすためのサービス業に堕してしまうことになるでしょう。

もはや「改革」が行われていない時期などないとさえ言っていいほど、教育はいつも改革、改革、の連続です。もうついていけない、と感じている教育関係者も、少なくないかもしれません。

でもだからこそ、そんな時こそ、教育の本質に立ち戻りたい。そう、私は繰り返し何度も言いたいと思います。

他者の自由を尊重・承認できる、自由な市民を育むこと。

このことさえ忘れなければ、私たちはいつでも、「じゃあどんな実践をしていけばいいんだろう?」「どんな学校をつくっていけばいいんだろう?」ということを、対話を通して考え合っていくことができるはずです。それは意外に、とてもシンプルなことなのではないかと私は思います。

最終章で合田哲雄さんをお迎えできたことは、望外の喜びでした。二時間の鼎談は、文字通りあっという間に終わり、時間に制限がなければ、もうこのまま一冊分語り合ってしまえるのではないかと思うほどでした。合田さんには改めて心より感謝申し上げます。

本書の編集は、前著に引き続き日本評論社の木谷陽平さんが担当してくださいました。対談、原稿、鼎談と、盛りだくさんの内容になっていますが、そのすべてを有機的に結合することができたのは、私たち二人をよく知る木谷さんにしかできない仕事であったと思います。今回も、全幅の信頼をもってご一緒させていただきました。ありがとうございました。

参考文献・註

第1章

（1）王暁雨「近代日中における翻訳事業と思想受容―『自由』を実例として」『関西大学東西学術研究所紀要』48号、2015年、173―186頁。

（2）苫野一徳『苫野一徳 特別授業「社会契約論」（別冊NHK100分de名著 読書の学校）』NHK出版、2020年、参照。

（3）待鳥聡史『代議制民主主義―「民意」と「政治家」を問い直す』中公新書、2015年、参照。

（4）実はアーレント自身は、「一般意志」は全体主義の思想であるなどと言っています。それはみんなの意志を統一する意志である、と。しかしこれは完全な誤解です。繰り返し言ってきたように、「一般意志」は「みんなの意志を持ち寄って見出し合った、みんなの利益になる合意」のことです。どう考えても、それを全体主義の思想と見なすことはできません。

（5）Dewey, J.: Creative democracy: the task before us. In: Boydston, J.A.（ed.）: *John Dewey: The later works, 1925–1953*. Volume 14, pp.224–230, Southern Illinois University Press, 1976.

（6）ベネディクト・アンダーソン（白石隆、白石さや訳）『定本 想像の共同体―ナショナリズムの起源と流行』書籍工房早山、2007年。

（7）その詳細な中身については、ロバート・B・ライシュ（雨宮寛、今井章子訳）『暴走する資本主義』東洋経済新報社、2008年、参照。

（8）ブランコ・ミラノヴィッチ（西川美樹訳）『資本主義だけ残った―世界を制するシステムの未来』みすず書房、２０２１年。
（9）大沼保昭『国際法』ちくま新書、２０１８年。
（10）ウィル・キムリッカ（岡﨑晴輝、施光恒、竹島博之監訳）『土着語の政治―ナショナリズム・多文化主義・シティズンシップ』法政大学出版局、２０１２年、２９９頁。
（11）同上、３０３頁。
（12）同上、第11章。
（13）Ｇ・Ｗ・Ｆ・ヘーゲル（藤野渉、赤沢正敏訳）『法の哲学Ⅱ』中央公論新社、２００１年、２２２頁。
（14）子どもは哲学的な議論を好み、またその能力もあるとの研究は豊富に蓄積されています。河野哲也『「こども哲学」で対話力と思考力を育てる』河出ブックス、２０１４年、参照。

第２章

（1）この文書（原文）は次のＵＲＬからダウンロードできます。https://www.oecd.org/education/2030/E2030 Position Paper (05.04.2018).pdf
（2）Broersma, R., Velthausz, F.: *DAT plus: extra bouwstenen voor levend taalonderwijs bij Dat's andere taal*. De Reeks, 2012. は、オランダのフレネ教育とイエナプラン教育の専門家が協力して編纂した言語教育の指導書で、主としてオルタナティブスクールでの使用を目的としています。本書では、言語教育（オランダ語と英語）を、「聞くと話す」「読む」「書く」「文法」の4分野に分け、それぞれ、6、7、8、2、全体で23の「学習ライン」を設け、各学習ラインごとに、4歳から12歳までの子どもたちを、フェーズと呼ばれる4つの発達段階に沿って易しい段階から難しい段階へと縦の発達系列を意識して指導する枠組みを提供しています。とくに重要なのは、この指導書が教科書をもとにした国語の授業をベースにしたものではなく、学校生活の中に現れるあらゆる言語活動を言語教育の観点から見直して指導することに重点を置いている点です。

第3章

（1）イマヌエル・カント（篠田英雄訳）『道徳形而上学原論　改訳』岩波文庫、１９７６年。
（2）斉藤利彦『試験と競争の学校史』講談社学術文庫、２０１１年。
（3）ブライアン・カプラン（月谷真紀訳）『大学なんか行っても意味はない？―教育反対の経済学』みすず書房、２０１９年。
（4）同上、65頁。
（5）同上、65－66頁。
（6）学習転移についての研究は数多くありますが、読みやすいものとして、鈴木宏昭『私たちはどう学んでいるのか―創発から見る認知の変化』ちくまプリマー新書、２０２２年をおすすめします。
（7）スティーブン・ピンカー（橘明美、坂田雪子訳）『21世紀の啓蒙―理性、科学、ヒューマニズム、進歩（下）』草思社、２０１９年。
（8）ガート・ビースタ（藤井啓之、玉木博章訳）『よい教育とはなにか―倫理・政治・民主主義』白澤社、２０１６年。（Biesta, G.J.J.: *Good education in an age of measurement: ethics, politics, democracy*. Paradigm Publishers, 2010.）
（9）ガート・ビースタ（上野正道監訳）『教育にこだわるということ―学校と社会をつなぎ直す』東京大学出版会、２０２１年。（Biesta, G.J.J.: *Obstinate education: reconnecting school and society*. Brill Sense, 2019.）
（10）苫野一徳監修、古田雄一、認定ＮＰＯ法人カタリバ編著『校則が変わる、生徒が変わる、学校が変わる―みんなのルールメイキングプロジェクト』学事出版、２０２２年。
（11）大津尚志『校則を考える―歴史・現状・国際比較』晃洋書房、２０２１年。

（12）ジョン・デューイ（市村尚久訳）『学校と社会・子どもとカリキュラム』講談社学術文庫、1998年、77頁。
（13）大塚玲子著、おぐらなおみ漫画『さよなら、理不尽PTA！―強制をやめる！ PTA改革の手引き』辰巳出版、2021年。
（14）山口裕也『教育は変えられる』講談社現代新書、2021年。
（15）新藤宗幸『教育委員会―何が問題か』岩波新書、2013年。

第4章

（1）佐藤明彦『教育委員会が本気出したらスゴかった。―コロナ禍に2週間でオンライン授業を実現した熊本市の奇跡』時事通信社、2020年。
（2）工藤勇一、苫野一徳『子どもたちに民主主義を教えよう―対立から合意を導く力を育む』あさま社、2022年。
（3）初等教育（4～12歳児）終了段階、中等前期教育（12～15歳児）終了段階にそれぞれあります（中等後期教育〈15～18歳児〉については、中等教育修了資格を得る際にはどんな力を試験するかということが書かれた国定の試験内容が「中核目標」と同じ役割を果たしています）。
（4）これは、国庫からの資金の平等をめぐって宗教団体立の私立校が公立校と同等の権利を求めた90年間にわたる政治闘争の結果として決まったものです。詳細は、拙著『オランダの教育―多様性が一人ひとりの子供を育てる』平凡社、2004年、参照。
（5）学校改善計画と学校要覧の策定・公開義務やその内容については、初等教育法と中等教育法の中で条項として規定されています。改善計画は最低4年に一度改定、学校要覧は毎年更新されます。
（6）初等学校（4～12歳）の学校規模は平均250人程度で比較的小さく、同じ地域にさまざまな学校が隣接して建てられているところが少なくありません。どの地域にも複数の選択肢があるので、保護者はつねに学校を選ぶことになります。

（7）教育監督については、Wet Onderwijs Toezicht（WOT）という法律で規定された内容に基づいて行われます。この法律はOverheid.nl（https://wetten.overheid.nl/BWBR0013800/2022-08-01）で閲覧できます。また、その実施機関である教育監督局は、教育科学文化省の資金によって運営されますが、省からは独立した機関です。

（8）国内にあるすべての初等・中等学校の現状は、教育監督局の監察結果や当該学校についての報告書などのあらゆる情報を、「学校カード（Scholenkaart）」と呼ばれる監督局の専用サイトで公表しており、インターネットで学校名を検索するだけで誰でもその内容にアクセスできます（https://scholenopdekaart.nl/）。

（9）教員のための研修費用は教員一人当たり日本円にして年間約10万円ほどです。この費用は学校単位でまとめて、定期的に継続して受けるチーム研修に使うこともできます。かつて全国にあった教育サポート会社は現在では統合されており、アムステルダムのHet ABC（https://www.hetabc.nl/）、ロッテルダムのＣＥＤ（https://www.cedgroep.nl/）、ハーグのBazalt Groep（https://www.bazaltgroep.nl/）などが代表的です。

（10）The European Toolkit for Schoolsのサイト（https://www.schooleducationgateway.eu/en/pub/resources/toolkitsforschools/area.cfm?a=4）を参照。

（11）ただし、個人情報については秘匿義務があり、個々の子どもの発達経過はその子どもの保護者にしか開示されませんし、とりわけ、滞在ビザを申請中の難民の子どもについては個人情報をいかなる団体に対しても漏洩してはいけないことになっています。

（12）この法律はOverheid.nl（https://wetten.overheid.nl/BWBR0020685/2022-08-01）で閲覧できます。

リヒテルズ直子（りひてるず・なおこ）

1955年下関に生まれ福岡に育つ。九州大学大学院博士課程修了。専攻は比較教育学・社会学。1981～96年マレーシア、ケニア、コスタリカ、ボリビアに居住後、96年よりオランダに在住。翻訳、通訳、執筆業の傍ら、オランダの教育および社会事情に関する調査、著述、科研費共同研究などを行う。また日本各地で講演活動、オランダ人研究者や専門家を伴ってのシンポジウム等のコーディネートを行うほか、オランダにおいては各種団体の視察企画に協力、日本人向け教育研修も企画・実施している。グローバル・シチズンシップ・アドバイス&リサーチ社代表、日本イエナプラン教育協会特別顧問（設立時代表）。著書に『世界一子どもが幸せな国に学ぶ愛をもって見守る子育て』（カンゼン）、『オランダの教育―多様性が一人ひとりの子供を育てる』『オランダの個別教育はなぜ成功したのか―イエナプラン教育に学ぶ』『オランダの共生教育―学校が〈公共心〉を育てる』（いずれも平凡社）、『0歳からはじまる オランダの性教育』（日本評論社）、『今こそ日本の学校に！イエナプラン実践ガイドブック』（教育開発研究所）、『手のひらの五円玉―私がイエナプランと出会うまで』（ほんの木）などがある。

苫野一徳（とまの・いっとく）

1980年生まれ。早稲田大学大学院教育学研究科博士課程修了。博士（教育学）。専攻は哲学・教育学。早稲田大学教育・総合科学学術院助手などを経て、現在、熊本大学大学院教育学研究科准教授。著書に『どのような教育が「よい」教育か』（講談社選書メチエ）、『勉強するのは何のため？―僕らの「答え」のつくり方』（日本評論社）、『教育の力』（講談社現代新書）、『「自由」はいかに可能か―社会構想のための哲学』（ＮＨＫブックス）、『子どもの頃から哲学者―世界一おもしろい、哲学を使った「絶望からの脱出」！』（大和書房）、『はじめての哲学的思考』（ちくまプリマー新書）、『「学校」をつくり直す』（河出新書）、『ほんとうの道徳』（トランスビュー）、『愛』（講談社現代新書）、『苫野一徳 特別授業『社会契約論』（別冊ＮＨＫ 100分de名著　読書の学校）』（ＮＨＫ出版）、『未来のきみを変える読書術―なぜ本を読むのか？』（ちくまＱブックス）、『学問としての教育学』（日本評論社）などがある。

公教育で社会をつくる
――ほんとうの対話、ほんとうの自由

2023年4月20日　第1版第1刷発行

著　者――リヒテルズ直子・苫野一徳
発行所――株式会社 日本評論社
〒170-8474　東京都豊島区南大塚3-12-4
電話 03-3987-8621(販売) -8598(編集)　振替 00100-3-16
印刷所――港北メディアサービス
製本所――難波製本
装　幀――図工ファイブ

ISBN 978-4-535-56422-0　Printed in Japan